Mario Junkes

Harz und Kyffhäuser – Sagen und Legenden

Impressum

Mario Junkes
Harz und Kyffhäuser – Sagen und Legenden

1. Auflage 2021

Regionalia Verlag,
ein Imprint der Kraterleuchten GmbH,
Gartenstraße 3, 54550 Daun

Titelbild: Sven Nieder
Illustrationen: iStock.com/VeraPetruk
Gestaltung, Satz, Umschlag: Björn Pollmeyer

Gedruckt auf feinstem Schleipen-Papier aus deutscher Herstellung
Hergestellt in der Europäischen Union, Finidr, CZ

FSC www.fsc.org MIX Papier aus verantwortungsvollen Quellen FSC® C014138

ISBN 978-3-95540-364-5
www.regionalia-verlag.de

Mario Junkes

Harz und Kyffhäuser
Sagen & Legenden

REGIONALIA
VERLAG

Inhalt

Einleitung

Sagen und Legenden rund um den Brocken

Sagen und Legenden aus Bergwerken und Höhlen

Sagen und Legenden von Hexen und Räubern

Sagen und Legenden von Kirchen und Klöstern

Sagen und Legenden vom Teufel und von Jungfrauen

Sagen und Legenden von Schlössern und Burgen

Sagen und Legenden von Bergen und Zwergen

Sagen und Legenden von Jägern und Wäldern

Sagen und Legenden von Geistern, Gespenstern und anderen Gesellen

Sagen und Legenden vom Kyffhäuser

Die Barbarossa-Sage

Harz und Kyffhäuser, sagenhafter Reichtum!

Kirchen, Klöster, Burgen, Berge, Räuber, Jungfern, Stollen, Zwerge, Geister, Lörke, Wälder, Höhlen, Hexen und ein Rübezahl

Lieber lesender Mensch nah und fern,

Ihre Anwesenheit bereitet mir große Freude. Ihr ergebener Autor freut sich darauf, Sie mit auf eine neuerliche Reise zu nehmen. Heute führt uns der Weg zum höchsten Gebirge Norddeutschlands und dessen kleinem Bruder. Auf geht's zu Harz und Kyffhäuser.

Die inneren Kräfte unserer Erde und die Turbulenzen damaliger Zeit hatten den alten Superkontinent Pangaea ermüdet. Pangaeas Teile Gondwana und Laurussia *erkannten* einander. Der Harz war geboren. Dies ereignete sich vor gut 315 Millionen Jahren. Ungefähr so lange wie die Person vor uns an der Supermarktkasse braucht, bis das Kleingeld aus der Tasche gefischt ist, um dann doch mit Karte zu zahlen. Ungefähr so lange wie eine Webseite lädt, wenn man es gerade eilig hat. Aber wie lange ist das wirklich her? Stellen Sie sich vor, 315 Millionen Jahre seien ein Jahr. Genau jetzt wäre also der 31. Dezember um genau eine Sekunde vor Mitternacht.

Dieses Jahrtausend begann vor zwei Sekunden. Tick, tack, tick, tack. Y2K. Deutschlands Wiedervereinigung, blühende Landschaftsfantasie, Andi Brehmes Elfer – all das geschah vor drei Sekunden. Waldemar Cierpinski holte vor vier Sekunden zum zweiten Mal Marathon-Gold in Moskau. Vor fünf Sekunden war Neil Armstrong der erste Mensch auf dem Mond.

Vor rund sechs Sekunden war Yuri Gagarin der erste Mensch im All. Ebenso schwang vor rund sechs Sekunden Walter Ulbricht ganz ohne Absicht seine Traufel und zog eine sprichwörtliche Mauer mitten durch den Harz. Helmut Rahn schoss vor sieben Sekunden das Siegtor gegen Ungarn.

Liebe lesenden oder zuhörenden Kinder. Fragt doch mal Eure Erwachsenen, wie das war, als normale Menschen den halben Harz nicht betreten durften. Warum gab es dort Dinge wie ein »Militärisches Sperrgebiet«, und warum durfte man nicht im Brockengarten spielen? Das war, weil der Möchtegernmittelstürmer und Spielführer Adolf Hitler vor knapp acht Sekunden in Berlin das letzte seiner Millionen Eigentore geschossen hatte, während sowjetische Soldaten auf dem Brocken die russische Flagge hochzogen. Zum Glück sind wir Menschen heute friedlicher. Meistens jedenfalls.

Außerdem vor acht Sekunden: Erich Klöckner erreicht mit einem Segelflugzeug die Stratosphäre – bei lauschigen minus sechsundfünfzig Grad Celsius. Vor neun Sekunden wurde der Zwergplanet Pluto zum ersten Mal gesehen. Der erste Weltkrieg endete vor etwas über zehn Sekunden. Die ersten olympischen Spiele der Neuzeit fanden vor gut zwölf Sekunden statt. Vor gut dreizehn Sekunden – sie brauchte keine Autobahn, um Geschichte zu schreiben – unternahm Bertha Benz in Deutschland die erste Fernfahrt der Welt mit dem Auto und ihren beiden Kindern. Vor gut achtzehn Sekunden flog die Adler von Nürnberg nach Fürth – fuhr in Deutschland die erste Lokomotive. Vor fünfzig Sekunden schlug der Eislebener Martin Luther seine Thesen an. Vor knapp eineinhalb Minuten starb Kaiser Friedrich I. Barbarossa. Jesus wurde vor knapp dreieinhalb Minuten geboren. Vor rund acht Minuten bauten die Ägypter Pyramiden. Die letzte Eiszeit endete um zwanzig vor zwölf, alles noch am 31. Dezember. Das war mal ein Silvester, nicht? Was sich hier alles ereignet hat.

~ ≈ ~

Nun zurück in die Gegenwart. Mein inniger Dank gilt den vielen Sagen-Sammlern der Vergangenheit, insbesondere Professor Heinrich Pröhle, dessen hervorragende Arbeit maßgeblich zu diesem Werk beigetragen hat. Schon er muss festgestellt haben – vor gut 160 Jahren – dass Harz und Kyffhäuser ebenso reich an Sagen und Legenden sind wie an gastfreundlichen Menschen.

Schön, dass Sie da sind. Bleiben Sie gesund.

Trier, im Januar 2021
Ihr Mario Junkes

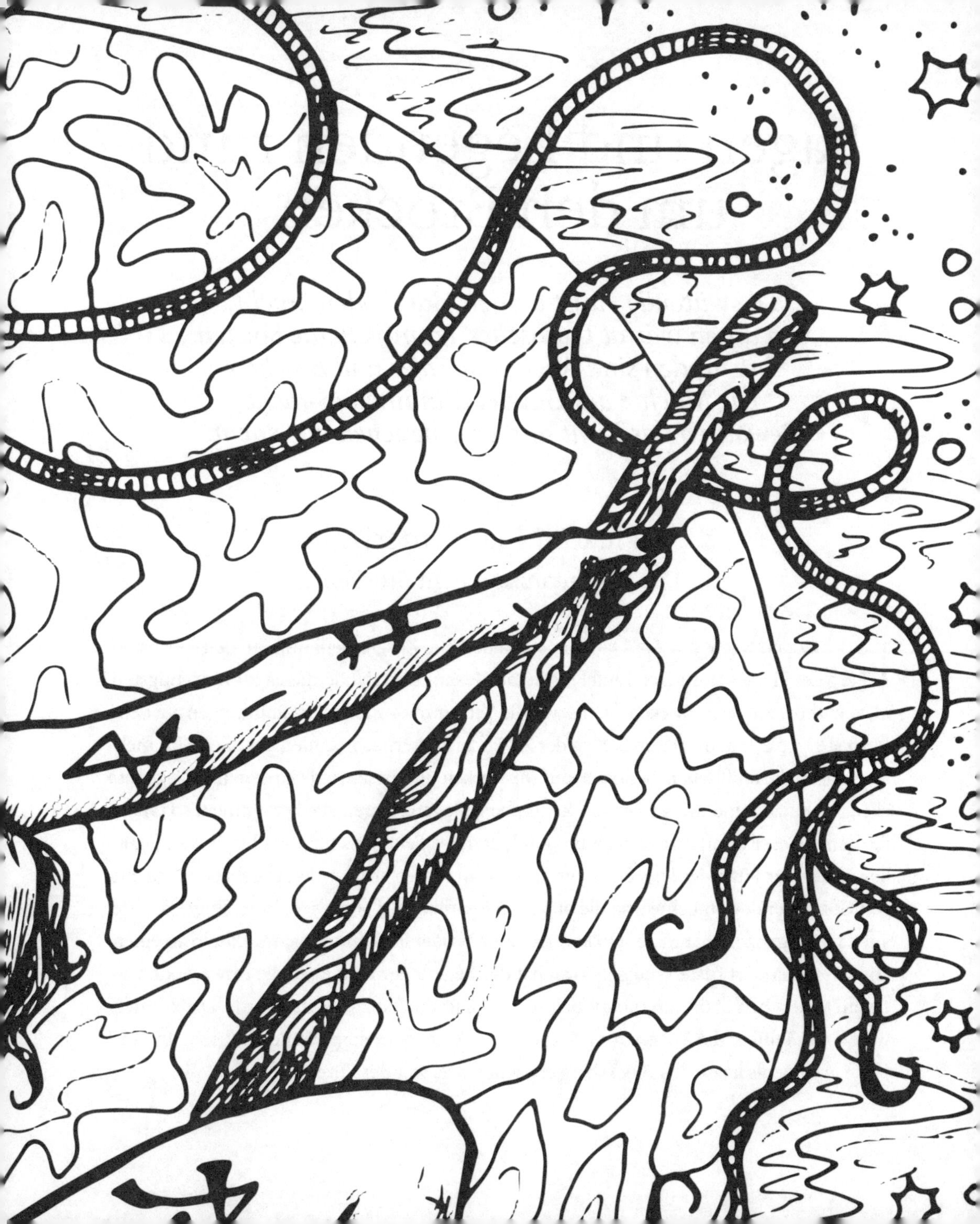

Sagen und Legenden rund um den Brocken

Die wütende Faust an den Harzboden kracht,
Von unten wärmt teuflisches Trommeln die Socken.
Entstanden sind Auen und Täler und Brocken.
Die Mächte des Guten zusammengebracht
Bewahren das Licht und verscheuchen die Nacht.

Hexen? Ham' 'mer!

Der Hexentanz auf dem Brocken

In der letzten Nacht des April fand eine schauerliche Zusammenkunft auf dem höchsten Berg des Harzes statt: Der Teufel lud seine Hexen- und Zauberdiener zum wichtigsten Hexensabbat auf dem Brocken ein. Es war die Versammlung aller Versammlungen auf dem Blocksberg. Nach dem letzten Schlag der Zwölf zu Mitternacht kamen aus allen Himmelsrichtungen die teuflischen Genossen auf Mistforken und Besen, auf Gänsen und Ziegenböcken, als Katzen und Mäuse verwandelt herbeigeflogen. Waren alle beisammen, so tanzte die ganze Gesellschaft ausgelassen um ein loderndes Feuer, bis man erschöpft war. Dann begab sich der Fürst der Finsternis zur Teufelskanzel, wo er über den angeblich allmächtigen Gott, über dessen Lehre und die braven, folgsamen, hörigen, willenlosen Engel lästerte, auf dass die ganze Schar in der Hölle verschmoren oder ihr kümmerliches Dasein an einen ähnlich tristen Ort fristen müsse. Dann bat der Regent der Unterwelt die Anwesenden zu einem teuflischen Mahl, das traditionell auf dem Hexenaltar zubereitet wurde. Die Zutaten waren des Teufels, die Zubereitung war in des Wortes wahrstem Sinne teuflisch, und die Hexe, welche als letzte den Blocksberg erreicht hatte, war der Ehrengast.

Es gab keine Ausflüchte. Die Letzte würde die Erste sein, und wegen Vernachlässigung teuflischer Etikette nach einer letzten, glühenden Umarmung mit dem Höllenfürsten in Stücke gerissen und den hungrigen Gästen als Hauptspeise kredenzt. Sobald sich jedoch der Morgen ankündigte – oder weil wieder ein übereifriger Hahn zu früh krähte – zerstreute sich die Hexenarmee hastig in alle Himmelsrichtungen. Die Menschen um den Brocken herum schützten sich in diesen Tagen, indem man drei Kreuze an Türen und Ställen anbrachte. So wurden böse Geister und Zaubereien an Unschuldigen unterbunden.

Hex', du hast die Gans gestohlen, gib sie wieder her!
Die Mainacht

In der Walpurgisnacht tanzten die Hexen den Schnee auf dem Brocken weg. Junge Männer stellten ihren Mädchen Besen vor die Tür, um diese dann am Morgen danach mit deren Hexenritt zu necken. Man ritt aber auch auf Bäumen und Butterfässern, auf Ziegenböcken und Pferden in der Mainacht zum Brocken. Deshalb hieß es am ersten Mai in Wernigerode:

»Wenn ich dir meinen Fuchs nicht geborgt hätte, lägst du jetzt noch am Renneckenberg.«

Oder man rief den Leuten zu:

»Höre, wann willst du mir mein Geld bezahlen?«

Wurde dann gefragt, welches Geld man meine, so hieß es:

»Weißt du nicht mehr, dass du noch oben auf dem Brocken lägst, wenn ich nicht deine Zeche für dich bezahlt hätte?«

~ ~ ~

Im Harz erzählte man sich, dass in der von manchen auch Wolpersnacht genannten Mainacht stets die Spitzen vom Weißdorn abspringen würden. Schuld daran soll der Brockenbesuch gewesen sein.

~ ~ ~

Schneider Dankemeier aus Hüttenrode setzte sich am 1. Mai nachts zwischen elf und zwölf Uhr hinter den Gasthof Fischer. Dankemeier hatte sich einen Kranz aus Tausendgüldenkraut aufgesetzt. Es kamen drei Frauen vorbei, eine auf einem Ziegenbock, die zweite auf einem Esel und die dritte auf einer Gans.

Kräutertherapie gegen Hexen und Teufel

Dust und Baldrian

Ein junger Bursche setzte sich auf einen Kreuzweg, um in der Mainacht die Hexen auf den Brocken ziehen zu sehen. Er machte sich einen Kranz um den Kopf und hatte sich über und über mit braunem Dust und Baldrian umwunden. Die Hexen kamen auf Enten und Gänsen herbei, ritten auf Ofengabeln und Mistforken, und zuletzt kam die oberste Hexe. Sie fasste den jungen Burschen ins Auge, lachte und sprach:

»Härrest du nich Daust un Faldrian, sau woll ik Düwel mit dik de Klange gahn.«

»Ohne Dust und Baldrian wärst du arm dran, Dummian.«

Schlaf', Bräutigam, schlaf'

Das Pferdegerippe

An Walpurgisnacht blieb ein Bräutigam lange bei seiner Braut. Schließlich sagte sie ihm, sie müsste sofort zum Brocken. Er wolle auch mit, sprach der Bräutigam. Sie gingen zusammen auf den Hof. Dort stand schon ein großer Ganter und wartete auf das Mädchen. Das setzte sich auf, und der Bräutigam setzte sich dahinter. Nicht lange, und sie waren auf dem Brocken. Dort waren so viele Menschen, dass der Bräutigam schier verwundert war. Allerdings war er todmüde von dem Ritt, und so wies ihm seine Braut ein schönes Gardinenbett, darin sollte er sich niederlegen und schlafen. Als er am Morgen erwachte, lag er auf der Erde in einem alten Pferdegerippe.

Wie man im Harz Taufwasser recyceln kann

Der Esel

Eines anderen Bräutigams Braut und deren Mutter waren beide Hexen. Nun kam der Tag, an welchem die Hexen zum Brocken wanderten. Mutter und Tochter gingen auf den Heuboden. Dort standen drei kleine Gläser und sie tranken aus den ersten beiden. Plötzlich waren die beiden mitsamt ihren Gläsern verschwunden. Der Bräutigam war ihnen nachgegangen und nippte einmal an dem dritten Glas. Mit einem Mal war er auf dem Brocken und sah, wie Braut und Mutter mit den Hexen um den Teufel herum tanzten. Nachdem alles vorbei war, befahl der Teufel, dass jede aus ihrem Glas trinke. Das taten sie und waren gleich in alle vier Himmelsrichtungen verschwunden. Der Bräutigam stand allein auf dem Brocken und fror. Sein Glas hatte er nicht mitgenommen und musste deshalb den Rückweg zu Fuß antreten. Nach einer langen und beschwerlichen Reise kam er endlich wieder bei seiner Braut an. Doch die war sehr böse, ebenso wie die Mutter, dass er aus dem Glas getrunken hatte. In ihrem Zorn verwandelten Mutter und Tochter den Bräutigam in einen Esel. Der arme Kerl war nun ein leibhaftiges Grautier.

Betrübt zog er von einem Haus zum anderen und schrie sein I-aah. Es erbarmte sich ein Mann, nahm ihn in seinen Stall und legte ihm Heu vor, doch der Esel wollte es nicht fressen. Da wurde er mit Schlägen aus dem Stall getrieben. Nach langem Umherirren kam er wieder zum Haus seiner Braut und schrie kläglich. Die Braut sah ihren vormaligen Bräutigam, wie er mit gesenktem Kopf und herabhängenden Ohren vor der Türe stand. Sie bereute ihr Tun und sprach zum Esel, wenn ein Kind getauft würde, solle er sich vor die Kirchtür stellen und sich Taufwasser über den Rücken gießen lassen, dann würde er wieder verwandelt. Am nächsten Sonntag wurde ein Kind getauft, und der Esel stellte sich vor die Kirchtür. Als die Taufe vorbei war, wollte der Küster das Taufwasser wegschütten, aber der Esel stand ihm im Wege. Geh, alter Esel, sprach der Küster, aber der Esel ging nicht, da wurde der Küster ärgerlich und goss ihm das Wasser über den Rücken. Nun war der Esel erlöst, ging zu seiner Braut, heiratete und lebte glücklich mit ihr.

Opfertisch, Waschbecken und ein Geheimgang

Der Hexenaltar

Beim Hexenaltar, wo auch das Hexenwaschbecken stand, sah man am ersten Mai Besen, Katzen, Hunde und Menschen mit Fackeln tanzen. Unter dem Hexenaltar befand sich ein unterirdischer Gang. Manchmal schien eine Art Licht aus dem Gang hervor. Niemand traute sich, dort hineinzugehen.

Kätzchen spielt, Kätzchen faucht

Die Hippelwiese

Wenn die Hexen zum Brocken zogen, kamen sie an der Hippelwiese am Beerberg bei Hasserode vorbei. Die Hammerschmiede der umliegenden Hütten pflegten an diesem Tag bereits vormittags zur Hippelwiese zu gehen. Eines Jahres gingen ein halbes Dutzend Leute schon früh am Tage hin, und es war bereits Musik zu hören. Als die Bergwerker ankamen, sahen sie lauter Katzen. Spielend, saufend, fressend. Die Leute erzählten es nachher ihrem Steiger. Prompt erschienen die Katzen in der Hütte, wütend, fauchend, krallend. Die Raubtiere wollten die sechs Leute zerreißen, weil diese ihr Geheimnis verraten hatten. Die Hüttenleute mussten sie mit glühenden Stangen vertreiben.

Versprochen ist versprochen und wird nicht gebrochen

Der silberne Krug

Bergmann Frick aus Clausthal-Zellerfeld suchte mit seinen Töchtern am Brocken nach Beeren. Man wurde von der Nacht überrascht, zündete ein Feuer an und legte sich nieder. Die Mädchen schliefen fest, der Bergmann aber wachte. Nach einer Weile sah Frick jemanden mit einer Laterne daherkommen. Er rief in die Richtung des Lichts und es traten drei Männer zum Feuer, die ihm während der Nacht Gesellschaft leisteten. Am nächsten Morgen geboten sie ihm, selbst seinen Töchtern nicht zu sagen, dass sie bei ihm gewesen wären. Der Bergmann gab sein Versprechen und hielt es sein ganzes Leben.

An Fricks Todestag kam ein Mann ins Haus, bedauerte seinen Tod und fragte die Töchter, ob ihr Vater etwas von den drei Männern gesagt hatte, welche in der Nacht am Brocken bei ihm gewesen waren. Die Töchter wussten nichts davon. Der Mann gab ihnen den Lohn für ihres Vaters Wort. Er stellte einen großen silbernen Krug auf den Tisch. Der einen Schwester solle der silberne Krug gehören und der anderen, was sich darin befinde. Damit ging der Mann wieder hinaus. Die beiden Schwestern schauten hinein. Im Krug lagen lauter feine Gulden.

Mit den großen Hunden abwassern wollen – aber dann nicht das Bein heben können

Der Schneidemüller und die Venediger

Zwei Venediger kamen in Bad Harzburg an ein kleines, am Waldrand liegendes Häuschen. Dort baten die beiden um ein Nachtlager. Der Mann erlaubte ihnen zu bleiben, gab ihnen Abendbrot und führte sie am nächsten Morgen zum Brocken. Dort deckte der erste Venediger an einer Stelle den Rasen auf und der andere pflückte die Köpfe aller gelben Blumen ab. Der erste wiederum brachte nassen Grand aus der Höhle, der andere hatte unterdessen Feuer angemacht. Man gab Grand und die gelben Köpfe in einen Tiegel und schmolz davon Luppen – den groben Guss der hohen Öfen, der erst nachher ins Feine gearbeitet wird. Der Mann bat sie um ein paar Stücke. Die Venediger aber sagten, für dieses Jahr wäre es zu spät. Im nächsten Jahr würden sie ihn wieder abholen, dann solle er ihnen Bescheid sagen, ehe sie in die Grube stiegen. Darauf brachte er sie wieder nach Bad Harzburg, und sie blieben für die Nacht in seiner Wohnung.

Abends war im Haus ein kleine Gesellschaft, darunter ein Schneidemüller, der im oberen Zimmer wohnte. Es wurden Geschichten und Märchen von Gespenstern erzählt. Der Sägemüller aber tönte groß, er fürchte sich vor gar nichts. Da sagte der eine Venediger, er solle mit ihm in seine eigene Wohnung gehen. Wie er wisse, sei dort eine Fensterscheibe entzwei, da würde gleich etwas hereinkommen, wovor er sich fürchte wie jeder andere Mann. Sie gingen beide hinauf. Der Venediger stellte ihm einen Stuhl mitten in die Stube. Er selbst setzte sich an den Tisch. Der Sägemüller solle sich nicht rühren, nicht sprechen, sondern nur auf die Fensterscheibe achten.

Der Venediger begann zu lesen. Schon bald kam eine Art Schlangenkopf zu der Fensterscheibe herein, wurde immer länger und kam langsam auf den Schneidemüller zu. Der Venediger las so lange, bis der Schlangenkopf ungefähr noch eine Handbreit vom Gesicht des Schneidemüllers entfernt war. Als der Schneidemüller einer Ohnmacht nahe war, beschwor der Venediger die Schlange wieder zurück. Als sie ganz fort war, fragte er wieder, ob der Schneidemüller nun noch immer behaupte, dass er keine Furcht hätte. Der sprach, dass er in seinem Leben nicht wieder so reden wolle. Der Venediger sagte, man solle es am wenigsten tun, wenn man in Gesellschaft fremder Menschen wäre. Man könne nie wissen, was der eine oder der andere alles tun könne.

Zwölf schwarze Geister auf des Köhlerkerls Kiste

Die Legende von Ringeling

Am Brocken lebte ein Köhler namens Ringeling. Jede Nacht erschien ein schwarzes Männchen in seiner Köte. Nach einer Weile wurden es zwei, dann drei, immer mehr, bis es schließlich zwölf waren. Der Platz war eng geworden in der kleinen Köte. Ringeling musste rücken, immer weiter rücken, bis er auf der Großknechtsbank saß. Schließlich sprach der Köhler die Geister unverwandt an:

»Ihr zwölf schwarzen Geister und Jesus war der Meister.«

Im nächsten Augenblick waren sie fort und sie kamen nie mehr wieder.

Einmal Venedig und zurück

Ein Sage aus Morgenbrotstal

Im Morgenbrotstal am Brocken gab es eine Quelle. Eines Tages stand dort ein fremder Mann. Er hielt ein Sieb unter das Wasser und mit einem Mal waren lauter Perlen darin. Der Mann packte die Perlen in seinen Ranzen, und als der voll war, wusch er sich die Hände. Dabei summte er:

»Im Morgenbrotstal, da wasch' ich mich, und in Venedigen, da drög' ich mich.«

Ein anderer Mann, der am Brocken zu Hause war, hatte alles gesehen und gehört, Als nun der fremde Mann auf einmal verschwunden war, ging der Harzer zur Quelle. Er las die Perlen auf, die der Fremde verschüttet hatte, und sagte dabei ebenfalls:

»Im Morgenbrotstal, da wasch' ich mich, und in Venedigen, da drög' ich mich.«

Sobald er dies ausgesprochen hatte, befand er sich in einer fremden Stadt. Der Mann vom Brocken war sehr erschrocken. Er ging durch die Stadt, doch konnte er sich nicht zurechtfinden. Nach einer Weile begegnete ihm auf der Straße ein Mann. Der Mann fragte ihn, wie er hierher käme, und von wo er stamme. Der Harzer erzählte ihm alles. Der fremde Mann sprach, es wäre sein Glück, dass er ihm die Wahrheit sage, denn er sei derselbe fremde Mann, den er im Morgenbrotstal belauscht habe. Der Venediger nahm ihn mit zu sich nach Hause und gab ihm ein Bett zum Schlafen. Das Bett war mit feiner Bettwäsche bezogen und hatte Knöpfe aus reinem Gold und blankem Silber. Als der Harzer am nächsten Morgen aufstand, musste er sich die Hände waschen und dabei sagen:

»Im Morgenbrotstal, da wasch' ich mich, und in Venedigen, da drög' ich mich.«

Kaum hatte das ausgesprochen, war er gleich wieder im Morgenbrotstal. Als der Harzer wieder nach Hause kam, stellte es sich heraus, dass er viele Jahre fort gewesen war. Der Mann jedoch hatte geglaubt, es sei nur eine einzige Nacht gewesen.

Reden ist Silber, Schweigen Erlösung

Vom Andreasberg unter der Waldschmiede

An einem heißen Sommertag fuhr ein Mann aus Hasserode mit einer Schubkarre zum Andreasberg. Dort wollte er sich Holz holen. Kaum hatte er einen Baum niedergehauen, trat eine weiße Gestalt vor ihn. Der Mann erschrak so sehr, dass er seine Axt aus der Hand fallen ließ. Die weiße Gestalt sah aus wie eine Nonne.

»Erschrecke dich nicht. Du kannst von mir viel Nützliches erfahren, wenn du befolgst, was ich dir sagen werde.«

Der Mann sagte, er wolle alles tun, was sie sage. Die Nonne forderte ihn auf, ihr zu folgen. Sie gingen bis zum Brücknerstieg, etwa eine halbe Stunde vom Andreasberg entfernt. Dann kamen sie an eine Klippe, über der ein alter Baum lag. Sie sagte, er solle den Baum zur Seite rücken, denn dort liege ein Kind. Das Kind solle er mitnehmen. Was dann weiter geschehen solle, würde er bald erfahren. Der Mann hob das Kind auf und nahm es mit zu seiner Schubkarre, die er auf dem Andreasberg hatte stehen lassen.

Kaum war er dort angekommen und hatte das Kind auf weiches Moos gelegt, kam ein kleines graues Männchen. Das Männchen sagte zum Mann, er solle mitgehen und tun, was es ihm sage. Sie gingen los und kamen in das Schliekstal. Dort war ein kleines Loch. Das Männchen ging hinein und winkte dem Mann, er solle mitkommen. Das Loch führte in einen Gang. Es war ganz hell, wie in einer Stube. Als der Mann um sich blickte, sah er dieselbe Nonne, die ihn auf dem Brücknerstieg zum alten Baum geführt hatte. Als die Nonne den Mann ansah, begann sie zu lachen, sagte aber sonst nichts. Das Männchen sagte zum Mann, er solle diesen Stein mit nach Hause nehmen und verkaufen. Es sprach weiter:

»Merke dir diese Stelle und suche weiter nach den Steinen. Wenn du zu deiner Schubkarre kommst, wird ein großer schwarzer Ziegenbock vor dem Kind liegen. Binde den Ziegenbock an deine Schubkarre, und das Kind wird verschwinden. Erschrecke dich aber bloß nicht, und sprich vor allem kein einziges Wort. Dann fahre nach Hause. Der Ziegenbock wird auch bald verschwinden. Du darfst aber kein Wort sagen, ehe du nicht zu Hause ankommst. Wenn du gar kein einziges Wort sprichst, dann sind wir beide erlöst. Sprichst du ein Wort, so muss die Nonne ewig wandeln. Sprichst du zwei Worte, so müssen wir beide ewig wandeln.«

Kaum war der Mann fortgefahren, verschwand das Kind. Kurze Zeit später verschwand auch der Ziegenbock. Auf einmal kam ein Hase auf drei Beinen dahergehoppelt, und dem Mann rutschte ein Wort heraus.

»Halt!«

Da fiel dem Mann ein, was der Mönch gesagt hatte, und er schwieg, bis er zu Hause angekommen war. Durch weitere Funde des Mannes wurde einige Zeit später ein Bergwerk im Schliekstal eröffnet. Das Bergwerk war weit über einhundert Jahre im Betrieb. Die Stelle, an der die Kunst stand, soll noch heute zu sehen sein – ebenso die wandelnde Nonne.

Harzer Dachhasen gehorchen aufs Wort

Bestellungen an Katzen

Am Hohnebruch tanzten sehr viele Katzen. Wenn man dort auflud, konnte man eine Stimme rufen hören:

»Sag' mal zu deiner Katze,
wenn se nich keime tau düssen Danz,
sollt nich kosten Ohr un Tatze,
sollt er kosten ören Schwanz.«

Wer tat wie geheißen und bestellte, sah die Katzen nie wieder. Manchmal lautete die Bestellung so:

»Mietzken soll na Hänsken komen na'n Annekenbrauke!«

»Heute wird ein warmer Tag!«
Die Legende von Peter Herm

Man nannte Schierke früher das Sankt Moritz des Nordens. Noch früher stand dort eine Mühle. In dieser Mühle war der Knappe jeden Morgen tot, und es war nicht verwunderlich, dass niemand mehr dort Knappe werden wollte. Schließlich meldete sich doch noch jemand, ein alter Knappe in den Fünfzigern namens Peter Herm. Um elf kam eine Katze und setzte sich zu ihm an das Feuer. Herm sagte:

»Komm' her, Kätzchen, und wärme dich.«

Da kam die zweite von der Decke, und die erste sagte zur zweiten:

»Komm' her, Kätzchen, wärme dich, spricht der Peter Herm zu mich.«

Nach und nach kamen zwölf Katzen. Alle setzten sich dicht ans Feuer und hatten den Mühlenknappen immer im Auge. Mit einem Mal schlug Herm der ersten Katze eine Pfote ab. Alle anderen sprangen fort. Der Knappe steckte die Pfote in die Tasche. Am nächsten Tag fehlte der Meisterin aus der Mühle eine Hand. Sie wurde noch am selben Tag an den Schnorkelklippen verbrannt. Vor der Hinrichtung sagte sie:

»Heute wird ein warmer Tag!«

Die Hexe schlug in die Hände und lachte, denn das Feuer tat ihr anfangs nichts. Die Klippe, sagte sie, solle ihre Wohnung sein. Sie trug ein Leinengewand, dazu eine schwarze Mütze. Man fand heraus, dass diese Mütze ihr erst abgerissen werden musste, damit der Satan als schwarzer Vogel fortfliegen könne. Erst dann könne die Hexe ordentlich brennen. Man tat wie geheißen, ein schwarzer Vogel flog davon, und die Hexe brannte wie Zunder.

Zu stolz, um nach dem Weg zu fragen
Die Hohneklippen

Drei junge Frauen wanderten durch die Hohneklippen am Brocken. Doch da sie sich nicht auskannten, verirrten sie sich im Gebirge. Über den Hohneklippen, die über dem Kaiserswert liegen, trat ein Männchen zu ihnen. Das Männchen führte sie umher, doch plötzlich verschwand es. Danach kam eine Zigeunerin und sagte, wenn die eine einen Jäger heiraten wolle, so würde man sie zurückgeleiten. Das wollte die junge Frau nicht. Die Alte wurde zornig und verwünschte sie: Von nun an sollten sie nicht nur Jungfern bleiben, sondern auch in Klippen verwandelt werden.

Ein Jäger, der eines Tages vorbeikam, hörte ein Winseln. Er ging dem Jammern nach und fand eine halb verweste weiße Jungfer. Sie erzählte ihm vom Schicksal der drei Jungfern. Sie führte ihn an die Hauptklippe. Dort müsse er hinaufsteigen und von dort oben herunterschießen. Dadurch würden alle drei erlöst worden. Der Jäger tat wie geheißen, brach sich aber beim Herunterklettern den Hals und war auf der Stelle tot. Man setzte dem Jäger dort eine Grabinschrift. Seitdem wurde die Kapellenklippe an jedem Johannistag von unbekannter Hand bekränzt. Eine andere der Dreijungfernklippen heißt die Bärenklippe. Manche nennen die Klippen auch »Die drei Käse« oder die »Dreikäseklippen«.

Käpt'n Iglo, du darfst deine Fischstäbchen behalten

Die Sage vom Wunschsumpf

Bei den Dreikäseklippen am Brocken, nicht weit von der Jungfernklippe entfernt, lag der Wunschsumpf. Ein Junge wollte eines Tages dort angeln, konnte aber keinen Grund finden. Am nächsten Tag nahm er ein Netz mit. Das Netz wurde im Wasser plötzlich ganz schwer, doch es waren nichts als Kieselsteine und Grand darin. Der Junge warf das Netz wieder aus, und diesmal zog er ein Gerippe heraus.

Eine Stimme rief, er solle bei Sonnenuntergang noch einmal das Netz auswerfen. Der Junge tat wie geheißen – und hatte einen großen Kessel im Netz. Er zog ihn heraus und öffnete den Deckel. Der Rauch aus dem Kessel legte sich um den ganzen See herum wie eine Mauer aus dichtem Nebel. Plötzlich stand ein großer Mönch vor dem Jungen. Der Mönch verlieh ihm das Geschick, Fische zu fangen in allen Farben. Diese sollte der Junge in Elbingerode an einen reichen Mann verkaufen. Und tatsächlich: Der reiche Mann gab dem Jungen für drei von den Fischen eine Hand voll Goldstücke. So ging es drei Tage lang.

Er liebt mich, er liebt mich nicht, er liebt mich …

Die Brautklippe

Die Brautklippe, ein Felsen vor dem Hohnekopf und den Hohneklippen, wurde von den Menschen jedes Jahr am ersten Mai, wenn die Hexen ihrerseits den Brocken bekränzten, mit Blumen bedeckt. Es wurde dabei gesungen und um gutes Glück fürs Heiraten gebeten. Der Stein wurde hauptsächlich von Beerenpflückerinnen geschmückt. Bei diesen herrschte der Glaube, dass man den Stein mit Blumen schmücken soll, um das ganze Jahr Glück beim Beerenfinden zu haben.

Nicht nur soll sich der Fuß einer Riesenjungfrau in den Felsen eingedrückt haben, man sagte außerdem, es sei dort das Geld einer schwarzen Katze versteckt.

Alles in allem

Der Erdgeist im Mönchenloch

Eines Tages mähten zwei Männer in Schierke Gras. Abends kam ein unbekannter Mann und fragte, ob sie ihn zum Mönchenloch bringen könnten. Das Mönchenloch stand immer voll Wasser. Als sie dort ankamen, sagte der Fremde, er wolle nun den Erdgeist anrufen. Er las eine Weile aus einem Buch, und es kam tatsächlich jemand, mit dem er sich unterhielt. Der Erdgeist nannte dem Fremden einen Gang, in dem Erz stehen sollte.

Man ging wieder zurück und der Fremde schlief bei einem der Männer in Schierke auf der Bank. Am anderen Morgen gab der Fremde ihm einen Zettel. Diesen Zettel sollte er alle vier Wochen an einen anderen Ort legen, von einer der vier Ecken in die nächste. Er solle es aber nicht versäumen. Der Mann vergaß es aber, und sein Zettel verschwand. Auf dem Zettel hatte gestanden:

»Alles in allem.«

Tischlein-deck-dich

Der Taufpate von Schierke

Ein Taufpate wollte einkaufen, traf unterwegs den armen Sünder vom Galgen. Der Taufpate bot dem Sünder an, ihn mitzunehmen. Der Sünder erschien ihm später wieder und es stand ein gedeckter Tisch unter dem Galgen. Der arme Sünder ermahnte den Taufpaten, am Galgen jedes Mal ein Vaterunser zu beten.

Papa Kulk und Mama Sumpf

Pferdekulk, Kaisersumpf, Wehrsumpf

Aus dem Pferdekulk zu Schierke wurden die kleinen Kinder und auch die Kälber herausgezogen. Eben so aus dem Kaisersumpf, der seinen Namen von der Kaiserwiese hatte, die einem verstorbenen Mann namens Kaiser gehört hatte. Die Kinder in Elend wurden aus dem Wehrsumpf in der Bode geholt.

Pferdemist macht nicht glücklich, aber er beruhigt

Die Jungfrau der Elendsburg

In der großen Klippe im Elendstal wohnte eine Jungfer, die sich jeden Tag zwischen elf und zwölf Uhr mit einem silbernen Schlüssel zeigte. Wer diesen einfach ungefragt berührte, bekam eine Ohrfeige. Wem aber die Jungfer von Elend ihren silbernen Schlüssel hinhielt, der sollte ihn mit einem Stock fassen. Als ein Köhler tat wie angewiesen, öffneten sich drei Türen. Er gelangte in eine Höhle. Dort standen gesattelte Rosse, hinter denen Pferdemist lag. Der Köhler war angewiesen worden, sich welchen davon mitzunehmen. Als er später über eine Brücke ging, schüttete er den Pferdemist ins Wasser. Unten klingelte es süß, denn es war pures Gold.

Ein verstorbener Kaufmann aus Elende träumte, er solle zur Elendsburg kommen. Er ging hin und holte einen Eimer voll Gold heraus. Davon wurde das stattliche Gasthaus »Zur deutschen Eiche« erbaut. Es steht noch ein Eimer voller Gold in der Elendsburg.

Ein anderer Kaufmann träumte, er solle einen Koffer Goldes aus der Elendsburg holen. Als er hinkam, lag eine Pferdelende da. Er fluchte, denn er meinte, sein Traum hätte ihn betrogen. Sogleich war die Pferdelende verschwunden und vom Gold der Elendsburg bekam er nichts.

Lora Lora hey, Lora Lora hier am Brocken, hey

Sagen aus Elend

Lora, die Göttin der Liebe, verlieh der Bergveste Lohra ihren Namen. Lora wurde als Göttin verehrt und deshalb war ihr ein großer Wald geweiht. In diesem Wald opferten im Herbst junge Männer Lora die Erstlinge der Jagd, und im Frühling brachten junge Frauen mit frohen Gesängen der Göttin Blumenkränze dar. In der Mitte des Berges entsprang eine Quelle, zu der unglücklich Liebende pilgerten. Insbesondere waren es Jungfrauen, denen der Tod ihre Geliebten entrissen hatte. Hier wollten sie süße Vergessenheit trinken.

Auf dem Gipfel dieses Berges baute eine edle Sachsen-Jungfrau, deren Verlobter in einer Schlacht gegen die Franken das Leben verlor, die Ruhensburg. Lora hatte ihr einen neuen Geliebten gesandt, dessen Liebe die Trauernde tröstete und ihrem Herzen die lang entbehrte Ruhe wiedergegeben hatte. Der heilige Wald rächte die Taten untreuer Liebender.

Die Verlobte eines edlen sächsischen Jünglings, der in den Kampf gezogen war, wurde hier in den Armen eines Buhlen gefunden. Lora ließ einen Hirsch durch das Dickicht brechen, die Untreue floh und betrat Loras heiligen Hain. Der Berg erzitterte, und die Erde spie Flammen aus, welche die Unglückliche mit einem Mal verzehrten.

Der Heidenbekehrer Winfried zerstörte mit seinen Genossen die Ruhensburg und Loras Macht verschwand. Eine letzte Rache erschöpfte ihre Kräfte für immer. Unweit des

Reinhartsbergs ließ sie Winfrieds Wagen und Pferde plötzlich in tiefem Schlamm versinken. Er wäre hier von der Erde verschlungen worden, wenn ihn nicht das Gebet zur heiligen Jungfrau Maria gerettet hätte. Zum Andenken errichtete er drei Kreuze. Diese Kreuze sollen noch heute dort zu sehen sein, wo die Erde ihren Schlund gegen ihn auftat. Er weihte in seinem Elend bei Loras Walde der Maria eine Kapelle. Für manche war dies der Grund, weshalb der Ort noch heute Elend heißt.

Es wurde auch erzählt, Elend habe den Namen erhalten, weil einst ein Fuhrmann mit seiner Ladung Wein sich dort festgefahren und gerufen habe:

»Ach Elend!«

Darauf stand eine Jungfrau neben ihm. Sie erbot sich zu helfen, wenn er ihr einen Becher Wein reichte. Der Fuhrmann nickte, die Jungfrau formte einen Becher aus Blumen, trank daraus und befreite den Wagen. Der Fuhrmann nahm den Becher zum Andenken mit. Der Becher wurde zu purem Gold. Davon baute man der heiligen Jungfrau in Elend eine Kirche.

Im Harz ist das Schlaraffenland, mit Taubenbrät aus Gottes Hand

Die Sage von der Rabenklippe

Die steile Rabenklippe verdankt ihren Namen den Raben, welche hier einen Mönch vor dem Hungertod gerettet haben sollen. Dieser Abgesandte des Heiligen Bonifatius kam seinerzeit von Wernigerode her, wo er die Menschen zum Christentum bekehren wollte. Doch der fromme Mann war nicht sehr erfolgreich – oft das Los des wohlmeinenden Missionars – und er wurde von den dortigen Heiden verspottet, mit Steinen beworfen und verjagt. Der strebsame Mönch ging in Richtung Westen auf die Harzberge zu. Er traf auf keinen einzigen Menschen, und kam an keiner Siedlung vorbei. Seine Nahrungsvorräte waren erschöpft und er war dem Verhungern nahe. Die karge Gegend bot nichts zum Essen. Doch es geschah ein Wunder. Ein Schwarm vorüberfliegender Raben, gerade von einem Raubzug aus Bad Harzburg kommend, ließ eine gebratene Taube zu Füßen des Mönches fallen. Durch die vom Himmel gesandte Speise gestärkt, brach er wieder auf und gelangte bald ebenfalls nach Bad Harzburg, wo man ihn freundlich empfing.

Auf dem Brocken

Heinrich Heine

Heller wird es schon im Osten
Durch der Sonne kleines Glimmen,
Weit und breit die Bergesgipfel
In dem Nebelmeere schwimmen.

Hätt' ich Siebenmeilenstiefel
Lief ich, mit der Hast des Windes,
Über jene Bergesgipfel
Nach dem Haus des lieben Kindes.

Von dem Bettchen, wo sie schlummert
Zög' ich leise die Gardinen,
Leise küßt ich ihre Stirne
Leise ihres Munds Rubinen.

Und noch leiser wollt ich flüstern
In die kleinen Liljenohren:
Denk im Traum, daß wir uns lieben
Und daß wir uns nie verloren.

Sagen und Legenden aus Bergwerken und Höhlen

Der Berg ruft. Und flüstert. Und schreit. Und knirscht. Und stöhnt. Und seufzt. Und lacht. Und singt.

Das geht auf keine Ochsenhaut!
Steiger Calvör

In einer Grube auf Andreasberg wurde Silbererz abgebaut. Es war so kostbar, dass die aus dem Schacht kommenden Bergleute am ganzen Körper untersucht wurden. Einmal kamen viele Bergleute auf Nachtschichten zu Tode, und zwei Kameraden nahmen sich vor, die Ursache dieser Todesfälle zu untersuchen. Um die Mitternachtsstunde erlebten sie ein furchtbares Getöse, und mit ebenso schaurigem Brüllen näherte sich ein riesiger Ochse. Als die beiden ihn aber mit Bohrfäustel und Bohrer angriffen, verstummte das Gebrüll und eine menschliche Stimme wimmerte um ihr Leben. Die Bergleute rissen die Ochsenhaut herunter.

Zum Vorschein kam der Steiger der Grube namens Calvör. Er bot ihnen viel Geld, wenn sie schweigen wollten. Calvör hatte die Ochsenhaut benutzt, um die Bergleute zu erschrecken. Dann hatte er sie getötet, um das Silbererz für sich zu behalten. Die Bergleute aber wollten sein Geld nicht und zeigten ihn an. Als er jedoch festgenommen werden sollte, stürzte er sich in den Schacht. Dort spukte er seitdem, stand den Bergleuten im Weg oder suchte sie zu erschrecken. Die Bergleute aber verdrehten jedes Mal nur die Augen und sagten:

»Da steht der Steiger Calvör mit seiner Ochsenhaut.«

Gut und böse, bose, güt, ist des Bergmönches Gemüt

Der Bergmönch von Clausthal-Zellerfeld

Der Bergmönch, der sich in Clausthal-Zellerfeld zeigte, war früher ein Bergmeister gewesen. Der Bergmeister hatte solche Freude am Bergbau gehabt, dass er im Augenblick seines Todes vom lieben Gott seinen Herzenswunsch erfleht hatte: Gott möge ihm statt der seligen Ruhe im Himmel lieber die Erlaubnis geben, bis auf den jüngsten Tag in Berg und Tal, in Gruben und Schachten umherzufahren und den Bergbau zu beaufsichtigen. Diese Bitte wurde ihm gewährt. Der Bergmönch erschien den Menschen in der Kleidung eines Bergmeisters mit einem silbernen Grubenlicht.

Er durchfuhr alle Stollen, durchspürte jeden Bau, ging auf der Oberfläche der Erde an Stellen, unter denen Erzgänge liegen, hin und her, manchmal langsam, manchmal schnell wie der Blitz. Bisweilen setzte er sich auf die Kunstgänge, oder er hielt sie auf. Er drehte die Wasserräder, je nachdem, wie seine Laune war oder wie er den Schützer leiden mochte. Er trat aus dem festen Gestein in den Gruben heraus, und das feste Gestein tat sich vor ihm auf. Ging er wieder hinein, schloss es sich hinter ihm so fest, dass keine Spur blieb. Man hatte ihn des Nachts oft aus alten Stollenmundlöchern und alten Pimpen, auch aus den engsten Räumen der Radstuben herauskommen und in denselben verschwinden sehen.

Wem immer er wohlgesonnen war, tat er manchen Gefallen, machte ihm Geschenke und erschien ihm in Menschengestalt und in Menschengröße. Wem er weniger wohlgesonnen war, wo er sich unbeachtet glaubte oder sich um das Auge der Menschen nicht kümmerte, erschien er in seiner wahren Gestalt. Dann war er riesengroß, gekleidet wie ein Geschworener. Seine Augen sprühten Flammen und waren groß wie Kutschenräder. Sein silbernes Grubenlicht war so groß wie eine Kutsche, und die Flamme war von entsprechender Größe und Helle. Seine Beine waren wie Spinnweben. Wenn ein Bergmann seine Pflicht nicht tat, gab er ihm den Rest.

~ ~ ~

Das Mönchstal bei Clausthal-Zellerfeld hat seinen Namen vom Bergmönch. Hier hatte er seinen Lieblingsaufenthalt. Es gab früher sehr reiche Gruben hier – und der

Bergmönch erschien oft. Die Bergleute hatten sich an ihn gewöhnt und keine Furcht mehr vor ihm. Aber manchmal hatte er seine Launen, hob die Schütteln auf, dass man die Wasserräder nicht zum Stehen bringen konnte, hielt die Kunst an oder verschreckte Bergleute durch allerlei abenteuerliche Spiele und Neckereien. Dadurch wurde er langsam, aber sicher den Bergleuten eine Last und man wollte ihn nur zu gerne loswerden. Es folgten ihm ein paar Bergleute nach und legten überall Kreuze auf den Boden. Der Bergmönch ging in einen Schacht hinein, welcher hinten durch eine nackte Steinwand geschlossen war. Der Bergmönch blickte sich einmal um, entdeckte die Kreuze und wurde zornig. Darauf fasste er den Stein an. Der Stein öffnete sich und der Bergmönch trat hinein. Gleich darauf schloss sich die Wand wieder fest zusammen.

Seit dieser Zeit ist der Bergmönch nicht wieder in die Gruben gekommen. Aber gleichzeitig wurden diese alle überschwemmt und man hat sie auflassen müssen. Jahrein, jahraus war das Wasser im Mönchstal nicht unter Kontrolle zu bekommen, und keine Grube hatte Glück. An der Stelle, wo der Bergmönch in den Fels ging, war das Bild eines Bergmanns zu sehen. Aber bis heute kann man den Stein nicht mehr finden, so viel man auch sucht.

Es gab eine Grube namens »Der alte Segen«. Darin arbeitete ein Bergmann, der kam abends, als er heimkehren wollte, in einen langen Gang. Schließlich wollte sein Licht nicht mehr leuchten, da kam der Bergmönch, gab ihm ein ordentliches Stück Unschlitt und sagte ihm, er solle weitergehen. Dann kam der Bergmann in einen Schacht, den er gar nicht kannte. Alles war voller Gold und edlem Erz. Sein Licht aber wurde nicht mehr kleiner, und ein Kamerad fragte ihn, woher er es hätte. Der Bergmann erzählte, was sich zugetragen hatte, aber als es heraus war, schmolz sein Licht zusammen. Von dieser Zeit an ist das ganze Gold und Stufferz, das in diesem Gang war, wie der Talg im Licht zerschmolzen.

Bergmann Ahrend, dem der Bergmönch ebenfalls Unschlitt gegeben hatte und der es auch den Kameraden ausplauderte, stellte der Bergmönch nach. Am Weihnachtsabend wollte der Bergmönch ihm in einer Grube etwas antun, da kam dessen Frau des Wegs. Sie sammelte im Sommer heilsame Kräuter und hatte einen Kräuterbeutel auf der Brust hängen. Da warf der Bergmönch den Ahrend lebendig aus der Grube und sagte ärgerlich zu der Frau:

»Hättest du nicht Dill und Dust, so hätte ich es wohl gewusst,
Gerächet für mein Seelenleid, wär' dein Mann tot für alle Zeit.«

Der Bergmönch hatte einem Weilarbeiter gesagt, er solle nicht eher zu arbeiten beginnen bis drei Tage vor der Abnahme. Erst dann wolle er kommen und das Gedinge in Ordnung bringen. Er dürfte es aber niemand sagen. Er wolle ihm Öl auf seine Lampe gießen, das – so lange er lebe – brennen solle, wenn er seinen Mund hielte. Und schon war er verschwunden, in die Kluft hinein, in der alles blitzte und blinkte. Der Bergmönch erledigte nun stets die Arbeit für den Weilarbeiter. Als dieser aber beim abendlichen Schoppen von der Sache erzählte, verdörrte sein Licht augenblicklich und der Bergmönch kam nicht wieder, um für ihn zu arbeiten.

Ein Bergmann suchte einst Arbeit. Er wurde an eine Stelle geschickt, an der es sehr schwer war, das Erz loszuhauen. Als es nun an die Arbeit gehen sollte, sagte er zu seinem Kameraden, der schon längere Zeit herangefahren war, er solle ihn nur machen lassen. Man wolle noch eine Zeit lang draußen verweilen, dann aber gehe er hinein und besorge die Arbeit allein. Das gefiel dem Kameraden, und so erledigte der Fremde alle Arbeit lange Zeit alleine. Dann aber packte den Kameraden die Neugierde, und er schlich sich in den Gang, in dem der Bergmann arbeitete. Er sah, wie der Bergmann am Gestein lehnte und der Bergmönch alle Arbeit für ihn tat. Darauf schlich er sich wieder fort. Bald aber kam der Bergmann hinter ihm her und hat ihm eine tüchtige Backpfeife gegeben. Von der Zeit musste er wieder selbst arbeiten.

Ein recht armer Bergmann hatte eine Frau, die kam nieder mit dem siebten Kind. Das bereitete ihm große Sorgen, denn es war ein schlechter Monat gewesen und der Lohn würde nicht ausreichen. Eines Abends saß er mit seiner Frau trübselig zusammen, da klopfte es an die Tür. Gleich darauf trat der Bergmönch herein, gab beiden die Hand und sprach:

»Ihr seid ehrliche Leute, ich weiß es, darum will ich euch aus der Not helfen.«

Damit gab er der Frau einen Packen Flachs, klar wie die Sonne, dem Mann gab er ein Stück Unschlitt. Er befahl ihnen, niemand etwas davon zu sagen, und verschwand. Der Flachs aber wurde nicht weniger und das Unschlitt ist nicht verbrannt.

~ ~ ~

Zwei Nachtschichtler standen vor Ort, aber der Bohrer wollte nicht bohren. Es war, als bohrten sie auf lauter Hornstein. Am Abend machten ihre Freunde sich lustig und der eine überredete den anderen, noch einmal hinauszufahren. Sie fuhren also auf einem Stollen zu einer anderen Grube und wollten dort hinausfahren. Als sie durch den Stollen waren, kehrte auf einmal der Vordermann um und schrie:

»Alle guten Geister loben Gott den Herrn!«

Er rannte an seinem Kameraden vorbei wie ein geölter Blitz. Da erblickte der Kamerad den Bergmönch vor dem Stollen. Er hatte ein silbernes Grubenlicht in der Hand, groß wie ein Scheffel, die Flamme ging bis an die Stollenklappen. Seine Augen waren so groß wie Wagenräder und seine Beine waren wie Spinnengewebe. Als er seine Hand ausstreckte und beiden den Hals umdrehen wollte, stürzten sie fort und fuhren zurück. Der Bergmönch lachte aus voller Brust. Die Nachtschichtler fuhren so schnell sie konnten hinaus. Als sie noch eine Fahrt hatten, stand der Bergmönch quer über dem Fahrloch – und als der erste den Kopf hinausstreckte, klemmte ihn der Bergmönch zwischen seine Beine, zog ihn aus dem Fahrloch heraus und drehte ihm den Hals um. Als der andere Nachtschichtler das sah, fuhr er wieder hinein, aber der Bergmönch folgte ihm.

Der Nachtschichtler dachte sich, wenn er nur gleich wieder an seine Arbeit ginge, vielleicht täte ihm der Bergmönch nichts. Er fuhr wieder zurück und fing an zu hämmern. Aber er hatte so harte Strosse, dass der Bohrer Funken sprühte. Mehrere Stunden hatte er so bohren müssen, der Bergmönch immer dabei – und als der Nachtschichtler sein Werkzeug fast nicht mehr halten konnte und sich einen Augenblick erholen wollte, hob der Bergmönch die Hand und wollte ihm eine Ohrfeige geben. Da musste der Nachtschichtler wohl oder übel weiter bohren, bis er sein Loch fertig hatte. Der Bergmönch lachte, dass die ganze Strecke schallte. Als das Loch endlich gebohrt war, blieb der Bergmönch noch immer stehen. Der Bergmann musste auch noch schießen. Und aufräumen. Und ausmauern. Schließlich konnte er nicht mehr, es wurde ihm schwarz vor den Augen und er fiel in Ohnmacht. Der Bergmönch ging von dannen. Als der Nachtschichtler aufwachte, war alles aufgemauert und alle Arbeit getan.

Ein Venediger beendet den Krieg nie auf derselben Seite

Der ergebnislose Schmelzversuch

Ein reicher Edelmann aus dem Oberharz reiste nach Venedigenland. Als er dort spazieren ging, wurde er plötzlich aus einer schönen Villa heraus mit seinem Namen gerufen. Ein älterer Herr winkte ihm freundlich zu und der Harzer erkannte tatsächlich den Mausefallensteller, der früher oft in der Nähe seines Guts unterwegs gewesen war. Dieser stellte sich als Besitzer der Villa vor, und er bot dem Edelmann seine Gastfreundschaft an. Gerne wolle er sich revanchieren, denn viel von dem hier zu sehenden Reichtum gehe auf manchen Sack goldreichen Sandes zurück, den er im Harz gesammelt habe. Jetzt aber sei er zu alt, um noch eine Reise zu unternehmen. Der Venediger umsorgte seinen Besucher mit allen Annehmlichkeiten.

Bei der Abreise des Edelmanns gab der Venediger ihm eine genaue Beschreibung mit auf den Weg, wo seine Schätze gelegen hatten. Der Ort war bald gefunden. Nun holte der Edelmann einen Göttinger Professor zu Hilfe, der ihm beim Schmelzen des Sandes half. Nach dem dritten Versuch fand sich endlich ein Krümel Gold, doch seitdem ist dies kein weiteres Mal gelungen.

Nichts gelernt, bar bezahlt, aufs Horn genommen

Die Entdeckung der Einhornhöhle

In der Scharzfelder Steinkirche lebte in heidnischer Zeit eine alte und weise Frau. Sie half jedem Ratsuchenden gerne mit ihrem Wissen, bis fränkische Krieger unter Führung eines schwarzgekleideten Mönches sie aus der Höhle verjagten. Auf ihrer Flucht wurde die weise Frau von einem wundersamen Tier beschützt. Es war ein Einhorn. Der schwarze Mönch verschwand bei der Verfolgung in einem Erdloch. Die weise Frau schloss sich der Hexengemeinde auf dem Brocken an. An der Stelle, an welcher der Mönch verschwunden war, entdeckte man eine Höhle, die man dem wundersamen Tier zu Ehren Einhornhöhle taufte. Jahrhundertelang wurde dort nach den Skelettresten des Einhorns gesucht und gegraben, denn die zermahlenen Gebeine des »Fossilus unicornis« waren begehrt und wurden auf der ganzen Welt den Gutgläubigen als Medizin verkauft.

Herr Urian: Arbeitstier, Prahler, Pfennigfuchser

Der Teufelsschacht bei Straßberg

Eine Viertelstunde von Straßberg entfernt lag der Teufelsschacht. Dort arbeitete ein Bergmann, mit dem niemand mithalten konnte. Der Bergmann beschwerte sich, dass alle seine Kameraden faul wären. Jeden Lohntag bekam er einen anderen Kameraden zugeteilt. Schließlich aber wollte keiner mehr mit ihm arbeiten. Da meldete sich ein fremder Bergmann und sprach um Arbeit vor. Er bekam die Stelle, doch wurde ihm gesagt, er müsse mit einem Mann arbeiten, mit dem noch niemand habe mithalten können. Der Fremde antwortete, er könne mit jedem mithalten.

Am nächsten Morgen sagte der Fremde, er arbeite für drei, und der Straßberger möge bitte mithalten. Der Fremde begann zu fahren, hing den Karren an, und kaum war er eine Stunde gefahren, war der ganze Vorrat fort, der schon seit Monaten gelegen hatte. Der Fremde schickte den Straßberger weg, er solle ihn losbrechen lassen, er sei zu langsam.

Der Straßberger musste den Karren anhängen, war aber nicht imstande, so viel fortzuschaffen, wie der andere losbrach. So ging es einen ganzen Monat hindurch.

Am Lohntag erhielten sie zusammen vierhundert Taler und einen Pfennig. Sie schoben den Pfennig hin und her. Der Fremde wollte, dass der Einheimische ihn nehme, doch der wiederum wollte, dass der Fremde ihn habe. Schließlich warf der Straßberger den Pfennig in den Schacht. Da fuhr der Fremde dem Pfennig hinterher, denn er war der Teufel höchstpersönlich gewesen. Der Teufel blieb seitdem unten im Schacht sitzen. Von nun an mussten die Bergleute unter ihm durchgehen, wenn er die Beine auseinandergespreizt hatte. Kein Bergmann wollte diesen Schacht mehr befahren, obwohl er sehr reichhaltig war.

Suche, und du wirst finden

Die Entdeckung der Baumannshöhle

Im sechzehnten Jahrhundert lebte der junge Bergmann Baumann in Rübeland. Er war strebsam und arbeitete viel, doch seine Tätigkeit brachte nur wenig Gewinn, sodass es hinten und vorne nicht reichte. Von Verzweiflung und Not getrieben, suchte Baumann oft nach der Schicht den Berg ab, und sein ungetrübtes junges Gemüt ließ ihn von verborgenen Schätzen träumen. Eines Tages fand er hinter einem dichten Gebüsch eine enge Felsspalte, gerade breit genug für einen schlanken, jungen Bergmann.

Neugierde und Hoffnung trieben ihn hinein. Baumann zwängte sich hindurch und gelangte in eine Höhle. Er folgte ihrem natürlichen Verlauf und erreichte einen ersten, großen Raum. Doch plötzlich erlosch sein Grubenlicht, das er mit seinem letzten Unschlitt am Leben gehalten hatte. Baumann tappte angsterfüllt im Dunkeln herum. Es war damals wie noch heute hoffnungslos, unter Tage ohne Licht einen Ausgang zu finden. Drei Tage und Nächte verbrachte der Unglückliche im Bauch der Höhle, als ihn ein rettender Lichtstrahl zurück geleitete. Vor dem Eingang fanden seine Freunde den völlig Entkräfteten liegen. Man hatte ihn bis dahin überall vergeblich gesucht.

Baumann starb nach weiteren drei Tagen an den Folgen der Tortur. Vorher jedoch hatte er seine Freunde in die Geheimnisse der Höhle eingeweiht. In Dankbarkeit an den Entdecker erhielt die viel besuchte Höhle den Namen Baumannshöhle.

Hasengold und Hundekraut, auch den Bergmönchen man schaut

Die Sagen vom Weingartenloch

Unweit Osterhagen und Steina sowie dem Forsthaus Nüxei lag das Weingärtnerloch oder Weingartenloch. Wer es Weingärtnerloch nannte, erzählte, dass neben vielen anderen Menschen auch einmal ein Weingärtner aus einer fremden Gegend, der dort nach Schätzen suchte, darin umgekommen sei. Wer es Weingartenloch nannte, erzählte, hier sei früher ein Garten gewesen und die Eigentümerin desselben habe ihren Kindern ein paar Weintrauben gebrochen. In ihrem Haus sei Besuch angekommen und das jüngste Kind habe die Mutter gerufen, nach Hause zu kommen. Als die Mutter aus dem Garten trat, ging derselbe unter, und zurück blieb ein großes Loch, mit Wasser vollgefüllt.

Ein Osterhagener Hirte lag einmal hinter einem Eichenbusch, als aus dem Weingartenloch zwei Männer hervortraten. Die beiden setzten sich auf einen Stein und tranken aus ihren Flaschen. Die Männer winkten den Hirten herbei. Er ging hin und trank mit ihnen. Danach legte er sich wieder hinter den Eichenbusch und schlief ein. Als er aufwachte, lag er in einem kostbaren Bett in einer prachtvollen Kammer. Auf dem Stuhl neben dem Bett lagen Kleider, allerdings nicht seine Hirtenkleidung, sondern vornehme Gewänder. Er kleidete sich an und – weil er nicht wusste, was das alles zu bedeuten habe – zog an einer Glocke. Eine Dienerin erschien und geleitete ihn aus der Kammer. Überrascht stellte der Hirte fest, dass sie sich in einem großen Kaufhaus befanden.

Unten saßen die beiden schweigsamen Männer, mit denen er getrunken hatte, im Kaufhaus als Ladendiener. Sie sagten auch jetzt nichts, doch einer von ihnen führte den

Hirten umher. Schließlich fragte der Mann den Hirten, ob er Lust hätte, in seine Heimat zurückzukehren. Der Hirte nickte und der Kaufmannsdiener sagte, er solle sich wünschen, was er aus dem Kaufhaus mitnehmen wolle. Der Hirte meinte im Scherz, er wünsche sich einen goldenen Hasen, der könne wohl am besten laufen. Danach bedeutete man dem Hirten, sich wieder in das kostbare Bett zu legen. Als er aufwachte, lag er wieder hinter dem Eichenbusch beim Weingartenloch. Er trug sein Hirtenzeug und bei ihm lag ein goldener Hase. Außerdem lag ein Stein neben ihm. Der Hirte erinnerte sich, dass der Diener gesagt hatte, wenn er mit dem Stein zum Weingartenloch käme, würde sich das vor ihm auftun. Seine Kühe waren jedoch verschwunden.

Zurück in Osterhagen erfuhr der Hirte, dass der Bauer an jenem Tag sein Vieh in der ganzen Gegend hatte zusammensuchen müssen. Für den goldenen Hasen erhielt der Kuhhirte satte zweitausend Taler. Den Stein aber schlug er später auseinander, gab die eine Hälfte davon einem treuen Freund und lud ihn ein, mit ihm in das Weingartenloch zu steigen. Während ihres Wanderns im Weingartenloch verloren sie einander aus den Augen – und der Kamerad warf seine Hälfte des Steins weg. Nun aber konnte er nicht wieder nach draußen finden. Der Kuhhirt aber, der seine Hälfte des Steins in der Tasche bewahrte, kam glücklich wieder ans Tageslicht und brachte große Schätze aus dem Weingartenloch mit.

~ ~ ~

Aus dem Weingartenloch haben sich auch zwei andere Männer ein großes Vermögen herausgeholt. Die beiden allerdings hatten jedes Mal einen nichts ahnenden Dritten mitgenommen, den sie opferten und der von einem Hund zerrissen wurde. Nachdem sie elfmal im Weingartenloch gewesen waren, wollte keiner mehr mit ihnen hinein. Schließlich fand sich aber doch noch jemand, ein Mann aus Osterhagen namens Schlosser. Der hatte eine junge Frau. Jeder, den die beiden mitnahmen, musste sich erst waschen und ein reines Hemd anlegen. Frau Schlosser nähte ihrem Mann, ohne dass er es wusste, Dill, Dust und Allerherrenkraut in sein Hemd.

Die drei stiegen in das Weingartenloch und gelangten ans Ende des großen Raums. Dort gingen sie über die Brücke, durch die eiserne Tür und gelangten in eine Höhle mit dem großen schwarzen Hund. Der Hund führte sie zu den Gold- und Silbererzen. Als ihre Säcke voll waren, wollten die beiden Halunken wie üblich den dritten als Opfer zurücklassen. Doch weil in dessen Hemd die Kräuter eingenäht waren, sagte der Hund, er könne diesen Mann nicht nehmen, sie müssten unter sich losen, wer bleibe. Der Hund riss den Verlierer auseinander, sodass die ganze Höhle zitterte und krachte. Die beiden andern zogen mit ihren Schätzen davon, konnten aber die eiserne Tür nicht öffnen. Der einzige, der sie hätte öffnen können, lag zerrissen im Bauch des Hundes.

Ein Mann aus Gandersheim ging jedes Jahr in der Nacht von Gründonnerstag auf Karfreitag zwischen elf und zwölf ins Weingartenloch und holte sich massenhaft Gold und Edelsteine. Stets, wenn er herauskam, schwieg er darüber, denn es war ihm verboten, darüber zu sprechen. Dies hielt er viele Jahre lang so und baute sich von den Schätzen in Gandersheim große Bauernhöfe. Einmal jedoch folgten ihm Leute aus Osterhagen, um mit ihm zu reden. Als er herauskam und ihn jemand ansprach, verschwand er vor den Augen aller und wurde weder in Osterhagen noch in Gandersheim jemals wieder gesehen. In derselben Nacht brannten alle seine Ackerhöfe bis auf den Grund ab.

Vor gut zweihundert Jahren kam ein Mann aus Einbeck und gedachte, in der Höhle einen guten Fang zu tun. Er, wohl genährt, war mit allem versehen. Er kroch in die Höhle hinein. Doch schnell blieb er in einem der schmaleren Gänge stecken, sodass er weder vorwärts noch rückwärts konnte. Nicht einmal eine versierte Bergmannschaft schaffte es, ihn wieder aus dem Weingartenloch zu befreien. Beim letzten Versuch, ihn loszumachen, wurde ihm der Kopf abgerissen.

Zu anderen Zeiten gingen im Weingartenloch – das unmittelbar neben der ebenso verrufenen Wolfskuhle lag – Zwerge, Berggeister und der Bergmönch ein und aus.

Ein Gastarbeiter aus dem Riesengebirge

Wie Rübezahl einst in den Harz kam

Der mächtige Berggeist Rübezahl hatte seine Heimat im Riesengebirge. Doch einmal, vor langer Zeit, machte er sich auf den Weg in den Harz. Während seines Aufenthalts kam er nach Goslar. Dort sprach er in Gestalt eines Mönchs jeden Samstag zu den Leuten. Binnen kurzer Zeit hatte Rübezahl seine eigenen Erzgruben, in denen seine Bergleute ihm gutes und reiches Erz gewannen. Dies geschah ausgerechnet am Rammelsberg, dessen Erzlager unter Kaiser Otto I. entdeckt wurden und die immer für Harzer Tradition gestanden hatten. Der Berggeist war großzügig mit seinen Bergleuten. Jeden Samstag zahlte er ihnen einen Lohn, der höher war als der von einheimischen Knappen in anderen Gruben. Die ehrlichen Harzer Bergleute ärgerte dieses Tun. Sie trieben ihren Spott mit Rübezahls Arbeitern und spielten ihnen gut gemeinte, harmlose Streiche. Das missfiel dem Berggeist sehr. Er polterte, wenn man seine Leute nicht in Ruhe lasse, würde er sich rächen, dass man es für immer bereuen werde. Die Einheimischen ließen sich nicht einschüchtern, verhöhnten den Berggeist und fuhren fort mit Spaß und Spott. Eines Tages jedoch hatte Rübezahl genug.

Einem alten Brauch gemäß klopfte der Hutmann – wie man in Bergmannssprache den Aufseher nennt – oben auf den Schacht, damit die Knappen unten wissen, wenn sie ausfahren müssen. Rübezahl gab seinen Bergleuten vor der üblichen Zeit das Hutmann-Signal. Die Arbeiter waren überrascht von der frühen Ausfahrt. Einer der Knappen blieb mit dem Fuß stecken. Rübezahl rief den armen Arbeitern zu, sich zu beeilen, er werde gleich den Berg einstürzen lassen. Drinnen im Berg waren aber noch viele Harzer Bergleute bei der Arbeit. Trotzdem ließ Rübezahl den Berg einstürzen. Alle einheimischen Knappen wurden grausam vom Berg erschlagen. Von Rübezahls Arbeitern kam außer dem langsamen Knappen keiner zu Schaden. Dem armen Kerl schwoll der Fuß an, und er konnte wochenlang nicht richtig laufen. Deshalb gilt bis heute unter den Bergleuten das Sprichwort, wenn sie einen Knappen sehen, der hinkt oder nur einen Fuß hat:

»Das ist Rübezahls Arbeiter.«

Der Steuermann spinnt Seemannsgarn, der Phisher beutet mit Latein. Im Harz ist alles Erz und rein

Sagen vom Harzer Bergbau

Es gab einmal einen Venediger, der wurde in Clausthal-Zellerfeld zum Steiger gemacht. Wenn die Bergmänner nach Hause gehen wollten, ließ er sie gehen, weil er alle Arbeit für sie tat. Wegen seiner Nachsichtigkeit mit den Bergleuten erhielt er viele Strafen und wollte deshalb nach Venedig zurück, das seinerzeit berühmt war für seine Gold- und Silberschmiedekunst. Er entließ alle Leute, behielt nur den Anschläger und fragte den, ob er mit ihm arbeiten wolle.

Steiger und Anschläger frühstückten miteinander und dann ging es immer im Felsen entlang, überall war der schönste Weg, breit ausgehauen, dass man mit einer Lok hätte durchfahren können. Als sie lange gegangen waren, kamen sie ins Land des Venedigers, und setzten sich in einen großen schönen Garten bei des Steigers Haus. Dem Anschläger gefiel es dort sehr gut, und es fehlte ihm an nichts. Als sie eine Zeit lang dort gelebt hatten, fragte ihn der Steiger, ob er gerne einmal wieder in den Harz zurück wolle. Der Anschläger sagte, das wolle er gern. Er nahm sein Grubenlicht, und beide gingen wieder zurück, immer in dem Felsen entlang. Da in den Bergen alles eingestürzt war, konnte der Anschläger nicht mehr die Stelle finden, an der sie gefrühstückt hatten, und kannte sich auch sonst nicht mehr aus.

Der Steiger brachte ihn deshalb ganz aus der Erde heraus und ging dann zurück ins Land der Venediger. Als der Anschläger aber wieder in Clausthal-Zellerfeld ankam, kannte ihn dort niemand mehr. Er hatte geglaubt, nur einige Jahre im Land der Venediger gewesen zu sein. Auch seine Frau und seine Kinder waren nicht mehr zu finden. Man bemühte die alten Aufzeichnungen des Stadtbuchs und darin stand, dass dieser Bergmann vor einigen hundert Jahren verschwunden war.

~ ~ ~

In den Silbernaaler Gruben zu Bad Grund gab es einen Kunstknecht. Dieser übergab am Sonnabend – als die Bergleute Schicht gemacht hatten – alles dem Kunstjungen, ging nach Clausthal-Zellerfeld und blieb dort bis Montag. Der Kunstknecht hatte dem Kunstjungen befohlen, er solle nicht hineinfahren – es möge geschehen, was da wolle.

Als der Kunstknecht zurückkam, stand das ganze Gesenk voll Wasser. Die beiden fuhren ein, der Kunstknecht aber befahl dem Kunstjungen, er solle nichts verraten, sondern nur zusehen und aufpassen. So könne er es eines Tages auch alleine verrichten, wenn er Kunstknecht würde. Der Kunstjunge sah zu und das Wasser ging ohne weiteres an den Wänden herauf, einfach so. Als sie herauskamen, war das ganze Gesenk bereits leer. Es kamen auch bereits die Frühschichtler, fuhren hinein und konnten ohne weiteres ihre Arbeit beginnen. Der Kunstjunge hatte niemandem etwas verraten. Allerdings wussten die Leute in Clausthal-Zellerfeld sehr wohl, dass der Kunstknecht zu Hause gewesen war und sich in der Zeit nicht um die Kunst gekümmert hatte.

Schließlich drohte der Richter dem Kunstjungen mit seiner Dienstentlassung, wenn er nicht alles gestehe. Der Kunstjunge berichtete, was er gesehen hatte. Doch sobald er alles ausgesprochen hatte, fiel er tot zu Boden. Der Kunstknecht aber war verschwunden. Auch der alte Markscheider, der den Dammgraben verpfuscht hatte, war fort. Der Markscheider hatte außerdem alle Kunstrisse aus dem ganzen Harz mit sich genommen.

~ ~ ~

Es erzählte ein Junge, sein Großvater hieße Friedel Märten und arbeite in den Gruben in Clausthal-Zellerfeld mit einem Kameraden, der Christian heiße. Dieser sagte:

»Friedel, ich bringe ein Zauberbuch mit, wir wollen den Teufel herbeirufen.«

Am anderen Morgen brachte Christian auch wirklich ein Zauberbuch mit. Als sie am Abend darin lasen und eine Formel sprachen, kam der Teufel mit großem Poltern den Schacht herauf, öffnete die Stubentür und starrte hinein. Da hörte Christian mit dem Lesen auf, und beide schauten schuldbewusst vor sich nieder. Da fuhr der Teufel wieder in den Schacht hinunter und es war still. Christian aber sagte:

»Morgen Abend bringe ich ein anderes Buch mit. Wir wollen ihn noch näher herbeirufen.«

So brachte Christian denn auch wieder ein Buch mit, und als sie den Abend darin lasen, gab es wieder ein Rumoren im Schacht und wieder erschien der Teufel. Dieses Mal aber trat er in die Stube, thronte vor Christian und donnerte, wenn er rückwärts lesen könne, was er eben vorwärts gelesen hätte, wäre ihm das Leben geschenkt. Wenn nicht, müsse er sterben. Christian sprach die Formel rückwärts und der Teufel fuhr wieder mit lautem Getöse den Schacht hinunter.

Vor vielen Jahren, als der Clausthal-Zellerfelder Teich gegraben wurde, arbeitete dort der Grabenarbeiter H. Der Bursche saß eines Nachmittags mit seinen Kameraden zusammen. In ihrem Gespräch kam die Rede auf das Grabenhaus, das nicht weit unterhalb des Teufelsteichs auf dem Graben stand, und das Wasser zwischen Bockswiese und Spiegelthal teilte. Schon oft hatte der Grubenarbeiter, der das Wasser hinein- und hinausleiten musste, trotz des großen Schlosses an der Grabenhaustür bemerkt, dass sich jemand an der Wasserleitung zu schaffen gemacht hatte, und die betreffenden Werke dadurch stark geschädigt worden waren. Obwohl man häufig wachte, das Haus beobachtete, aber niemand gesehen wurde, war nur kurze Zeit nach Weggang des Grabenwärters die Wasserstimmung anders als geplant. Man kam überein, etwas müsse im Grabenhaus nicht richtig sein. Weil man jedoch keine stimmige Erklärung geben konnte, hieß das für die meisten Leute, dass es im Grabenhaus spukte. Der pfiffige Grabenarbeiter nahm einen kräftigen Schluck Branntwein und sagte zu seinen Kameraden:

»Diesen Abend will ich das Wasser stimmen, Karl soll mir den Schlüssel geben.«

Die anderen sagten, er solle sich in Acht nehmen, dort sei es nicht geheuer.

»Ach was! Den will ich sehen, der mir an den Kragen kommt. Außerdem ist Vollmond.«

Der eine Grabenarbeiter sagte, dass – als es neulich beim Baumstumpfroden sehr spät geworden wäre und die Nacht hereingebrochen war – er im Vorbeigehen eine weiße Gestalt in das Haus hineinschlüpfen gesehen habe. Am andern Morgen sei das Wasser aber anstatt zur Bockswiese zum Spiegelthal geflossen. Ein anderer sagte, dass – als er voriges Jahr spät vom Heidelbeerpflücken gekommen sei – er in der Nähe des Grabenhauses eine feurige Schlange im Graben liegen gesehen habe. Die sei im Graben unter das Haus geschwommen, darunter verschwunden, und am anderen Tag sei das Wasser unrichtig verteilt gewesen. Ein Dritter sagte, den Bau des Grabenhauses habe der Teufel nicht haben wollen, und da die Menschen ihm seinen Willen nicht getan hatten, triebe er seinen Schabernack. Der Pfiffikus winkte ab.

»Ich mache heute Abend die Wasser, wie es sich gehört, komme Hölle oder Teufel.«

Nachdem man noch zwei Stunden gearbeitet hatte, gingen die übrigen nach Hause. Als der Grabenwärter kam, um Wasser zur Bockswiese zu leiten, sagte H. zu ihm:

»Karl, lass mich mal heute Abend deine Arbeit machen. Ich werde das Wasser stimmen, du kannst dich darauf verlassen. Ich werde auch bis wenigstens elf Uhr Wache stehen, dass uns kein Schabernack gemacht wird.«

»Nun, wenn du unbedingt willst, ich habe nichts dagegen. So kann ich diesen Abend mal ein bisschen früher zu meiner Frau gehen. Nimm dich aber in Acht.«

Er gab H. die Schlüssel und ging nach Hause. H. ging gleich zum Grabenhaus, zog das eine Geschütz auf, setzte das andere zu, schloss das Haus zu und probierte, ob es auch richtig verschlossen war. Danach stopfte er sich eine Pfeife und legte sich in das grüne Gras.

»Nun will ich den sehen, der mir den Kram verderben will.«

Zu Hause wartete seine Mutter mit dem Abendbrot. Es schlug sieben und er kam nicht, es schlug acht und er war nicht da, es schlug neun und zehn und seine Mutter wartete immer noch vergeblich. Schließlich wurde ihr Angst und Bange und sie ging zu einem seiner Kameraden, weckte den auf und fragte besorgt, ob er nicht wisse, wo ihr Sohn sei. Der sei beim Grabenhaus geblieben und habe dem Grabenwärter heute seine Arbeit abgenommen. Die Mutter, in ihrer Angst, lief hinaus und es bot sich ihr ein grausamer Anblick. Zwanzig Meter vom Haus entfernt schien der Mond hell und deutlich auf einen Totenschädel, der sie anstierte. Ein paar Meter weiter lag der Rumpf, den Kittel noch an, ohne Arme und Beine. Noch ein paar Meter weiter lag ein Bein und ein Arm, und am Haus war ein Bein an die Tür und der andere Arm an den Giebel angenagelt. Voller Schreck lief die Mutter ins Haus.

Nachdem man die Sache näher untersucht hatte stellte sich heraus, dass es alles Teile des zerstückelten Körpers von Grabenarbeiter H. waren. Es wurde alles sorgfältig in einen Sarg getan und H. wurde wie ein Umgekommener mit allen bergmännischen Ehren beerdigt. Das Haus wurde bald abgerissen und seitdem hat sich dort nichts Verdächtiges wieder hören und sehen lassen.

Um das Jahr 1700 gab es einen Bergmeister namens Hinten. Seiner Haushälterin hatte er befohlen, ihn nicht vor einer bestimmten Zeit zu wecken, wenn er am Nachmittag eingeschlafen sei. Sie solle ihn aber auch keine Minute länger liegen lassen.

Als er nun eingeschlafen war, setzte sich die Haushälterin aus Vorsicht neben ihn, sah genau nach der Uhr und dann nach ihrem Herrn. Auf einmal kam ihm eine Maus aus dem Mund gekrochen, lief an ihm hinunter und verschwand auf dem Boden. Als die Weckzeit näher kam und es eine Minute vor der Zeit war, kam die Maus zurück und kroch dem Bergmeister wieder in den Mund. Der Bergmeister wachte mit einem Schnarcher auf, zog rasch sein Arbeitszeug an und fuhr nach – denn jedes Mal hatte er durch die Maus erfahren, dass die Leute falsch gearbeitet oder blau gemacht hatten, denn er ist nie vergeblich gefahren.

Einmal kam Bergmann Schramm nach Bad Grund. Man arbeitete am Durchschlag. Es war Freitag und die Arbeiter machten sich aus dem Staub. Als sie ans Fahrloch kamen, saß der Bergmeister darauf. So war es ihnen dreimal gegangen. Das kam den Bergleuten wunderlich vor, und sie erkundigten sich beim Aufseher, wie das geschehen konnte. Doch der hatte nichts gesehen. Also fragten sie die Haushälterin des Bergmeisters aus, aber die sagte, er sei gar nicht aus dem Hause gegangen. Und doch hatten ihn die Gedinghauer gesehen. Beim nächsten Mal kam der Bergmeister, nahm ab und sagte, wenn sie wieder ausreißen würden, kämen sie nie wieder aufs Geding.

Ein Pochjunge hatte eines Morgens verschlafen. Er wohnte am Zellbach bei Clausthal und ging deshalb gleich hinten aus seiner Gartenpforte über die Bremerhöhe zu seinem Pochwerk. Als er aus seiner Tür trat, stolperte er über etwas. Es war ein Maulwurfshaufen, der glänzte wie Silber. Er fuhr mit der Hand hindurch, und was er damit fassen konnte, steckte er schnell in seine Tasche, und machte, dass er zur Arbeit kam. Er dachte am Tag nicht wieder an den Vorfall. Als er abends nach Hause ging, klingelte es in seiner Westentasche, und als er sie auszog, waren blitzblanke silberne Taler darin. Die Familie hat bis heute noch mehrere im Besitz.

Ein Bergmann aus Clausthal-Zellerfeld träumte in der Nacht, dass er am folgenden Tage Schaden nehmen würde. Darum fuhr er an diesem Tage nicht an, sondern blieb daheim und legte sich auf das kleine Sofa in seiner Stube. Kaum hatte er gelegen, fiel das große Plätteisen herunter, das über ihm am Balken hing, und erschlug ihn. Von dieser Zeit an fuhren die Bergleute noch unverzagter als zuvor in den tiefen Schacht. Sie sagten, man sehe aus dieser Begebenheit, dass man überall in Gottes Hand stände und dass diese denjenigen, den sie erreichen wolle, auch auf dem Sofa zu finden wisse.

Im Mansfelder Land man Kupfer fand

Die Legende von Nappian und Neucke

Nappian und Neucke waren zwei junge Bergleute, die in ihrer Stadt keine Arbeit finden konnten. Sie verließen ihre Heimat, um im Osten eine neue Anstellung zu finden. Bündel und Butterbrot, Freundschaft und Kraft waren ihre einzige Ausrüstung für den Weg. Eine Zeit lang waren sie schon ohne Unheil, aber auch ohne neue Arbeit durch das Land gezogen. In der Gegend um Hettstedt wurden die beiden plötzlich von Räubern überfallen. Einer von beiden wurde von einem Pfeil an der Schulter getroffen, doch der andere verteidigte beide so mutig und meisterhaft, dass die Räuber in die Flucht geschlagen wurden. Beide wussten, dass der Verletzte Ruhe und Hilfe brauchte, sollten Reise und Leben nicht ein frühes Ende finden. Der gesunde der beiden ging von nun an vor, um auf unliebsame Überraschungen gefasst zu sein. Mit dem verwundeten Freund im Schlepptau fand sich zum Glück bald eine Unterkunft bei einem gutherzigen Köhler und seiner Tochter.

Damit sie den freundlichen Menschen nicht übermäßig zur Last fielen, half der Unverletzte dem Köhler bei der Arbeit. Als man einen abgebrannten Meiler aufräumte, blinkte dem Bergmann etwas in sein fachmännisches Auge. Er hob einen Stein vom Boden und begutachtete ihn. Der Köhler bemerkte wie beiläufig, dass man solche Steine hier überall beim Baumroden fände. Der Stein wurde schnell nach Goslar geschickt, und schon bald hatte man den hohen Erzgehalt des Steins bestätigt. So gründeten Nappian und Neucke im Jahr 1199 den Mansfelder Kupferbergbau. Noch heute kündet die Sankt-Gangolf-Kirche auf dem Hettstedter Kupferberg vom Erfolg der beiden Freunde.

Im Harz

Emanuel Geibel

Ich klomm vom Ilsengrunde
Durch Waldgeklüft und Moor
In früher Morgenstunde.
Den Brockenpfad empor.

In Busch und Wipfeln sauste
Der Wind mit frischem Schall,
Dazwischen wogt' und brauste
Von fern der Wasserfall.

Und steiler ward's und steiler,
Jetzt schloß der Forst sich auf,
Und stärker quoll vom Meiler
Der Brandgeruch herauf.

Und jetzt, vom Dunst umwoben,
Erblickt' ich überm Tann
Auf schroffer Wand ihn droben,
Vom Berg den wilden Mann.

Im Eichenkranz, die Lenden
Umspannt vom Blätterschurz,
Stand er, die Keul' in Händen,
Hoch überm Wassersturz.

Und wie der Schaum die Klippen
Hinabschoß ohne Ruh',
Sang er mit bärt'gen Lippen
Ein mächtig Lied dazu:

»Zwei Dinge lernt' ich preisen
Von alters her zumeist:
Im Berge wächst das Eisen,
Im Walde rauscht der Geist.

Die beiden halt in Ehren,
So wird im Zeitenlauf
Kein Feind dich je versehren;
Glückauf, mein Volk, Glückauf!«

Er sang's, und steigend wallte
Der Nebel um ihn her,
Und als das Lied verhallte,
Gewahrt' ich ihn nicht mehr.

Sagen und Legenden von Hexen und Räubern

Gestern zauber' ich, heut' fluch' ich – später raub' ich, morgen stehl' ich.

Noch etwas Brei, Herr Bandit? Es ist genug da

Der Räuber Daneil

Zwischen Dardesheim und Schwanebeck im Huywald hauste der gefürchtete Räuber Daneil. Sein Versteck lag mitten im dicht bewaldeten Bergrücken. Es war eine in den Fels gehauene Kate, deren Öffnungen dicht verschlossen werden konnten. Sein Pferd hatte verkehrt herum angeschlagene Hufeisen, sodass der listige Räuber alle Verfolger über Jahre hinweg täuschen konnte. Ein ausgeklügeltes System aus Fäden und Glöckchen rund um seine Höhle herum warnte Daneil rechtzeitig vor allen Gefahren durch gierige Rivalen, unbefugte Eindringlinge oder vor den Mutproben lebensmüder junger Burschen der umliegenden Dörfer.

Räubers Daneils letzte Überfälle hatten in der Umgebung so viel Angst und Schrecken verbreitet, dass der Gesetzlose sich nunmehr völlig sicher fühlte. So sicher, dass er sich ein hübsches Mädchen geraubt und sie gegen ihren Willen zu seiner Frau gemacht hatte. Daneil zwang das fromme Mädchen, auf ihren Herrgott zu schwören, dass sie ihn niemals verlassen und keinem Menschen jemals von der Höhle verraten werde.

Der hartherzige Räuber ließ sich erst nach Jahren des Bittens und Bettelns dazu erweichen, seiner Gefangenen wenigstens einen kleinen Ausflug zu gestatten. Ihre flinken Füße trugen sie nach Halberstadt, doch da sie sich in ihrer Not keinem Lebendigen anvertrauen konnte – sie hatte es geschworen –, klagte sie ihr Leid auf dem Marktplatz dem steinernen Roland. Doch in der Nähe befand sich ein Gerichtsdiener, der alles mit angehört hatte, und so gelangte ihr schreckliches Geheimnis ans Licht. Schnell waren Leute zusammengetrommelt, welche die junge Frau rächen wollten. Ein Plan wurde geschmiedet, und die Arme kehrte rechtzeitig zurück, ohne dass ihr Peiniger Verdacht geschöpft hatte.

Aber auf ihren Weg streute sie Erbsen aus, sodass die rechtschaffenen Bürger ihr folgen konnten, um den Räuber seinem irdischen Ende zuzuführen. Am nächsten Tag lockte die Frau Daneil zum Mittagsschlaf vor die Höhle, jedoch warnten die Fäden und Glöckchen den Räuber frühzeitig, weil ein hastiger Rächer schon Daneils Kopf in seinen Händen, nicht aber die Falle vor seinen Füßen sah. Der Räuber wusste gleich, was gespielt wurde, musste jedoch wütend bei seinem Rückzug die sich tapfer wehrende Frau draußen zurücklassen.

Räuber Daneil verschanzte sich in der Höhle, verrammelte sie fest und machte sie völlig uneinnehmbar. Die kriegsunerfahrenen Knechte waren ratlos. Ein Aushungern war unmöglich, denn der clevere Räuber hatte auf Jahre Vorräte in seiner Höhle. Schließlich kam einer der Männer auf die Idee, heißes Wasser durch einen Luftschacht von oben in die Behausung zu gießen. Doch das Wasser lief aus allen Ritzen, lange bevor es den Räuber in seiner Wohnstatt verbrühte. Die Männer mussten Daneil in seiner sicheren Höhle spottend laut lachen hören, doch ihre Wut über das Scheitern ließ sie ihre Idee weiter verfeinern. Man wollte statt heißen Wassers dicken, heißen Brei in die Höhle füllen. Gedacht, gemacht, und aus allen umliegenden Dörfern wurde Wasser und Mehl, wurden große Kessel und Rührlöffel und Feuerholz herangeschafft. Sobald ein Kessel mit Brei kochte, wurde er in die Luftöffnung gegossen. Noch am selben Tag verstummte das Gelächter des Räubers für immer, und er ward ein Würstchen im ewigen Schlafrock.

Seine schönste Blume ließ sein Herz von neuem erblühen

Der Räuber vom Finsterberg

In der alten Burg Finsterberg hauste der Raubritter Kurt. Sein Tagwerk war das Rauben und Erpressen, das Brandschatzen und Morden. Seine fromme Frau war der völlige Gegensatz zu seinem Wesen, und ihr Totenwunsch auf dem Sterbebett war, der gemeinsamen Tochter Maria wegen die grausamen Taten aufzugeben. Der Räuber Kurt versprach es, und seine Frau starb in seinen Armen. Die erste Zeit war der ehemalige Raubritter brav und ehrlich. Hin und wieder flocht er zusammen mit seiner Tochter Blumenkränze – Quästen genannt –, wie die Tochter es einst mit ihrer Mutter getan hatte.

Doch das alte Wesen des Finsterbergers ließ sich nicht lange bändigen. Seine Raubzüge wurden brutaler und schlimmer als jemals zuvor. Das Töchterchen ließ er in der Burg zurück. Eines Tages entschwand die junge Maria beim Blumensuchen den Blicken der unachtsamen Magd. Erst als der Ritter Kurt freudes- und blutstrunken nach einem besonders brutalen, aber umso erfolgreicheren Raubzug nach Hause zurückkehrte, bemerkte man den Verlust seines Kindes. Alles Suchen war umsonst und man hielt die junge Maria für tot. Vielleicht war sie gar selbst Opfer eines Räubers geworden.

Der Schmerz im Herzen des Raubritters war groß. Alles war zu Pfingsten geschehen und Kurt sah sich als Empfänger einer Strafe Gottes. Er schwor sein Leben zu ändern, wenn er sein Kind nur wiederfände. Maria jedoch war, den schönsten Blumen folgend, mitten in den tiefsten Wald gegangen, weit entfernt von der Burg. Ein Köhler hatte das erschöpfte Mädchen schlafend vorgefunden. Der Köhler und seine Familie jedoch wussten nichts von der Suche nach dem Kinde, Maria selbst war es zufrieden, denn die Köhlerfamilie – vor allem die Mutter – hatte sie voller Herzlichkeit aufgenommen.

Am dritten Pfingsttag kamen Bauern aus der Burggegend in der Nähe der Köhlerköte vorbei. Die blumenpflückende Maria bat sie, eine Quäste für ihren Vater mitzunehmen. Da wurde sie von den Bauern erkannt. Was war es für eine Freude, als das verloren geglaubte Kind heimkehrte! Kurt belohnte Köhler und Bauern reichlich. Von diesem Tag an ist vom einstigen Raubritter kein Verbrechen mehr überliefert. Die Burg wurde neu eingerichtet und zur Erinnerung an die Kränze Marias von nun an Quästenburg genannt.

Heute Kriegsverbrechen, früher legaler Justizvollzug

Der Raubgrafenkasten

Die Quedlinburger Stiftskirche Sankt Servatius hatte seit ihrer Weihe im Jahre 1129 unter König Lothar III. einen Schutzvogt. So nannte man im Mittelalter Beamte, die man heute als Notar, Rechtsanwalt, Richter und Gerichtsvollzieher kennt. Der Schutzvogt vereinigte diese Gewalten in einer Person. Außerdem unterstanden ihm die Hüter des Gesetzes, sprich: die Polizei. In der Welt des Mittelalters verlangten die Herrschenden Schutzgeld, das heißt, sie belehnten Besitztümer innerhalb ihres Einzugbereichs. Es spielte für die Herrschenden keine Rolle, ob sie den Besitz besaßen oder nicht. Was sich nach organisiertem Verbrechen und Erpressung anhört, war im Mittelalter lange Zeit das vorherrschende politisch-ökonomische System am Standort Deutschland.

»Was für ein schönes Dorf. Wäre doch schade, wenn was passieren würde.«

(Schutzvogts Ritter entsichert sein Schwert, Schulze bezahlt, Schutzvogt lacht.)

»Es zwingt Sie ja keiner.«

Die Beherrschten wollten als Gegenleistung wenigstens vernünftigen Schutz oder entsprechende Vorteile – zum Beispiel bei Handel oder Verteidigung. Wegen dieser Art der damals legalen Schutzgelderpressung gab es permanent Streit und Gewalt, die bis hin zu Plünderungen, Entführungen, Vergewaltigungen, Mord und schließlich offenen Kriegen reichte. Stellen Sie sich vor, Ihre Frau, Ihre Mutter, Ihre Tochter würde entführt, vergewaltigt, ermordet, nur weil ihr weltliches oder geistliches Oberhaupt bei den Lehnsraten geknickert hat. Oder als Lehnsherr noch mehr aus den Nachbarn herauspressen will, weil man den gierigen Hals einfach nicht voll kriegen kann, und die Nachbarn irgendwann einmal die Faxen dicke haben. Früher war nicht alles besser.

In den 1330er Jahren brachen auch im Harz diese Streitigkeiten offen aus, und zwar zwischen Graf Albrecht II. von Regenstein und dem Bischof von Halberstadt. Letzterer gewann schließlich die Gunst der Quedlinburger Bürger für sich, weil er ihnen mehr versprochen hatte. Die Regensteiner waren darüber mehr als sauer. Genug war genug. Sie besetzten die Höhen um Quedlinburg sowie das Wiperti-Kloster und machten den Quedlinburgern durch Verbrechen und Raub das Leben schwer.

Quedlinburg kämpfte mit Halberstädter Unterstützung erfolgreich um seine Befreiung und konnte außerdem den verhassten Grafen Albrecht gefangen nehmen. Er sollte sofort hingerichtet werden, doch würde das kaiserliche Urteil umgewandelt, wenn er die Stadtmauern aus seinem Geldbeutel ausbessere und sieben Türme erbaue, um die Stadtverteidigung zu stärken. Als Strafverschärfung wurde der Graf über ein Jahr in einen käfigähnlichen Kasten gesperrt. Der Graf musste so regelmäßig Spott und Häme der Bürger ertragen. Der klitzekleine Kasten war erstens unbequemes Gefängnis, zweitens Pranger und drittens Toilette ohne Spülung oder Wischpapier. Der Raubgrafenkasten ist noch heute im Schlossmuseum Quedlinburg zu sehen.

Gestern Walzer, morgen Tango, heute hol' ich die Jungfrau

Die Sage vom Hexentanzplatz

Der hohe Felsen links am Eingang in das untere Bodetal – hoch in die Lüfte ragend – ist heute unter dem Namen Hexentanzplatz bekannt. Dort hauste früher eine alte Zauberin namens Watelinde. Diese wurde von allen Harzbewohnern gefürchtet, weil sie mit ihren höllischen Künsten stets Unheil über das Land brachte. Watelinde lockte mit Vorliebe durch allerlei schöne Versprechungen keusche, fromme Jungfrauen zu sich, um diese dann mit ihrem Zauber zu verwirren. So sollten die tugendhaften, jungen Mädchen ebenfalls zu Hexen werden und das Land dem Samiel unterwerfen. An einem schönen Sommerabend ging die schöne Jungfrau Hilda aus Thale in den nahen Wald, um heilsame Kräuter zu suchen. Als es dunkel wurde und die fleißige Frau ihr Körbchen gefüllt hatte, wollte sie nach Hause gehen. Nach knapp hundert Metern brach der Mondschein durch die Baumwipfel. Plötzlich fiel ihr ein, dass im Mondschein gepflückte Kräuter eine besondere Heilkraft besitzen. Sie suchte und pflückte noch eifriger, dabei murmelten ihre Lippen seltsame Zauberworte. Mit einem Mal leuchteten ihr zwei große, funkelnde Augen entgegen. Entsetzt versuchte Hilda zu fliehen. Als sie eine Strecke gelaufen war, sah sie sich scheu um und erblickte ein großes, schwarzes, katzenähnliches Tier, das ihr in wilden Sprüngen über die Büsche entgegenflog. An ein Entrinnen war nicht mehr zu denken und Hilda sprach ihr Totengebet. Plötzlich vernahm sie jedoch eine heisere Stimme, die zu ihr sprach:

»Fürchte dich nicht, Jungfrau! Ich will dir kein Leid zufügen, sondern dir Kräuter weisen, mit deren Hilfe du deinen Liebsten für alle Zeit an dich fesseln magst.«

Hilda erkannte sofort, dass dies nur die Hexe Watelinde in Gestalt eines Tieres sein konnte und wollte ihr entfliehen. Plötzlich richtete sich das Raubtier drohend auf und rief mit funkensprühender Stimme:

»Ha, Jungfrau! Eingetreten bist du in meinen Zauberkreis! Hier kann ich mit dir machen, was ich will, für immer und alle Zeiten!«

Im nächsten Augenblick verwandelte sich die Riesenkatze in ein altes Weib, und kaum war die Verwandlung vollzogen, fasste Watelinde die Jungfrau am weichen Haar, um sie mit sich auf die Felsenkuppe zu schleifen. In diesem angstvollen Augenblick erinnerte sich Hilda jedoch der Lehre ihrer Mutter. Sie bekreuzigte sich und sprach ein Gebet an die heilige Jungfrau. Da begann es in der Luft zu brausen. Ein Sturm umsauste den Gipfel des Hexentanzplatzes, fuhr hernieder und peitschte die Landschaft. Blitze zuckten wütend und ein gewaltiger Donner ließ die Felsen ringsum erbeben. Der Wind hob die böse Watelinde in die Lüfte, warf sie über das Bodetal hinweg und schleuderte sie mit aller Macht gegen einen Felsen, wo sie selbst zu Stein erstarrte. Dieser Felsen trägt noch heute die Bezeichnung Hexengroßmutter. Die vom Verderben errettete Hilda gelangte wohlbehalten nach Hause zu ihrer Mutter, heiratete ihren Liebsten und war glücklich.

Eine Zauberjette, elf Frauen, ein Mädchen, drei Kohlen, ein Bergmann und ein Teufel

Die Entstehung der Bergwerke am Rammelsberg

Auf dem Brocken regierte vor langer Zeit die Zauberjette. Sie hatte elf junge Frauen in ihrer Gewalt. Eines Tages hatten die Ritter Otto und Ramme sich am Brocken verirrt. Sie waren schon mehrere Tage dort, aber konnten partout keinen Weg aus der Wildnis finden. Plötzlich sahen die beiden, dass mehrere Männer auf sie zukamen. Es war eine Räuberbande, die in der Schweiz gejagt wurde und die sich auf der Flucht bis zum Brocken durchgeschlagen hatte. Die beiden Ritter mussten sich der Bande anschließen, um ihr Leben zu retten.

Sogleich suchte man sich am Brocken die beste Stelle aus, um eine Höhle aus Steinen zu bauen. Was sie aber am ersten Tag gearbeitet hatten, war am nächsten Tag wieder auseinander gefallen. Man wunderte sich, wie das geschehen sein könnte, denn man hatte ordentlich gearbeitet. Man fasste sich, machte einen Plan und arbeitete den ganzen zweiten Tag wieder an der Höhle. In dieser zweiten Nacht mussten zwei Räuber vor der Höhle wachen. Doch wie von Geisterhand schliefen die Räuber ein, und auch am nächsten Morgen war wieder alles auseinander gefallen.

In der dritten Nacht schließlich wachten schwer bewaffnet die beiden Ritter und der Räuberhauptmann selbst. Als es auf die Mitternachtsstunde zuging, sah zuerst Ramme, der ältere der beiden Ritter, elf Frauen kommen. Jede hatte einen kleinen Hammer und jede klopfte dreimal an die Steine, die die Räuber sauber hingebaut hatten. Und siehe da, die Steine flossen auseinander wie Wasser. Ritter Ramme aber zog sein Schwert und ergriff eine der Frauen, die einen kleinen Hammer in der Hand hielt. Er fragte, warum man ihre Arbeit wieder vernichte, doch sie antwortete nicht. Plötzlich gab es auf dem Brocken ein ungeheures Krachen. Die anderen Räuber kamen zu Hilfe. Der Ritter fragte zum zweiten und dann zum dritten Mal, warum die Frau ihre Arbeit vernichte. Da antwortete sie, sie könne ihm den Grund nicht sagen. Er und der andere Ritter sollten mit zu ihrer Befehlshaberin gehen. Dort würden sie erfahren, warum die Frauen Order erhalten hätten, die Arbeit der Männer wieder zu vernichten.

So gingen die beiden Ritter mit und man erreichte eine große steinerne Höhle, die nordwestlich am Brocken lag. Darin wohnte die Zauberjette. Die Höhle war so schön, wie jedes Schloss nur sein könnte. Die Ritter fragten, warum sie den Befehl ausgäbe, ihre Arbeit zu vernichten. Die Zauberjette antwortete, sie wolle allein hier am Brocken herrschen und habe deswegen noch elf Personen unter ihrem Befehl. Gefiele es den Rittern, so mochten sie bei ihr bleiben und mit ihr leben, dann wolle sie auch die Bande am Brocken dulden. Wenn die Ritter aber nicht bei ihr bleiben wollten, so sollten sie ihren Bau einstellen, denn es würde doch alles wieder zerstört werden. Die Ritter entschlossen sich also, bei der Zauberjette zu bleiben.

Als sie aber einige Zeit bei ihr waren, wurde ihr Zauber sehr schwach, weil sie in dieser Zeit nicht nach ihrer sonstigen Gewohnheit gelebt hatte. Sonst war sie jede Nacht zum Wolfsbrunnen unten am Brocken geflogen, und daraus hatte sie in jeder Mitternachtsstunde drei Handvoll voll Wasser nehmen und trinken müssen. Davon hatte sie ihre Zauberkraft gehabt, und das Trinken hatte sie um der Gesellschaft der Ritter willen versäumt. Zuletzt war sie so schwach geworden, dass sie an zwei Stöcken gehen musste. Als sie fühlte, dass es mit ihr zu Ende ging, gestand sie den Rittern alle ihre Missetaten und erzählte ihnen von all ihren Schätzen. Von den Dienerinnen, die sie unter ihrem Zauberjoch hatte, ließ sie fünf frei. Dann ging sie mit den beiden Rittern in eine Höhle unten am Brocken, in der all ihre Schätze lagen, darunter auch das Marktbecken, welches jetzt auf dem Goslarer Marktplatz steht. Vor der Höhle lag ein großer, aber gutmütiger schwarzer Hund. Als die Zauberjette den Rittern alles gezeigt hatte, griff sie zur Wand und zog eine rote Flasche und einen goldenen Becher hervor. Sie schenkte ein und wollte noch einmal mit den beiden Rittern auf deren Gesundheit trinken. In dem Augenblick, da sie den Becher randvoll gegossen hatte, schritt Ritter Rammes Vater von hinten aus der Höhle und sprach mit fester Stimme:

»Alte Zauberjette! Zwölf Jahre sind um. So lange hattest du mich in den Schlaf gezaubert.«

Die Ritter staunten mit aufgerissenen Augen. Ramme ließ vor Schreck den Kelch auf den Boden fallen. Der Alte sagte, es sei ein furchtbares Gift gewesen, das sie hätten trinken sollen. Ramme zog sein Schwert und hackte der Zauberjette den Kopf ab. Plötzlich gab es wieder ein furchtbares Krachen. Der Hund winselte. Die Räuber waren den Rittern zu deren Schutz gegen die Zauberjette gefolgt. Als sie das Krachen hörten, drangen sie in die Höhle ein. Dort sahen sie, wie der schwarze Hund sich in einen alten Mann verwandelte. Der alte Mann sagte, alles, was sie sähen, gehöre ihnen. Sie hätten ihn durch ihre Tat erlöst und er sei seines Lebens froh, dass er nun nichts mehr zu bewachen brauche. Die Goslarer Bergwerke waren danach noch viele Jahre beschäftigt, die Schätze der Zauberjette zu heben.

Ein junges Mädchen, das in der Mühle am Fuß des Rammelsbergs diente, stand eines Morgens bereits vor Tagesanbruch auf. Während sie das Streichholz suchte, um den Herd anzuwerfen, sah sie am Rammelsberg Feuer. Sie eilte gleich dahin und fand am Feuer mehrere Männer mit weißen Bärten sitzen. Beim ersten Anblick überfiel sie eine furchtbare Angst; da es aber ein beherztes Mädchen war, ging es auf die Männer zu und fragte unerschrocken, ob sie einige Kohlen nehmen dürfe. Die Angesprochenen sagten kein Wort, sondern sahen starr vor sich auf die Erde. Das Mädchen nahm Kohlen, denn sie dachte zu Recht, keine Antwort sei auch eine, und trug die Kohlen zurück zum Haus und legte sie in den Herd. Als sie aber Holz darauf legte, starben die Flammen. Sie holte noch drei weitere Male Kohlen von dem Feuer, aber sobald sie dieselben in den Herd legte, wollten sie einfach nicht mehr brennen. Da das Mädchen nun kein Feuer anzünden konnte, weckte sie ihre Herrin, damit diese ihr helfe.

Als es dann ganz Tag geworden war, lag auf dem Herd ein großer Goldhaufen. Doch an der Stelle, von der das Mädchen die Kohlen hergeholt hatte, lagen nur alte Kieselsteine. Der Müller berichtete dies dem Schulzen. Dieser ließ den Berg untersuchen und dadurch wurde der Goldreichtum des Rammelsbergs entdeckt.

~ ~ ~

Bei Goslar am Rammelsberg war eine Grube, zu welcher der Teufel sich gerne gesellte und bei der Arbeit mithalf. Der Teufel arbeitete jedoch immer allein. Einer der Bergleute sagte, man solle ihm einmal nachgehen. Ein weiterer sagte, man möchte das unterlassen. Doch die anderen Bergleute folgten dem Ersten. Als der Teufel das sah, sprach er, das solle ihnen nicht gut bekommen. Nun solle der große Rammelsberg nicht eher bebaut werden, als bis der kleine ausgebaut sei. Als der Teufel am nächsten Morgen wiederkam, geleitete er den Bergmann, der seinen Kameraden von dem Vorhaben abgeraten hatte, sicher nach Hause. Von den übrigen Bergleuten hat niemand wieder etwas gehört. Auch den Teufel hat niemand wieder gesehen. Einige Zeit später hat man alles wieder aufbauen wollen, doch es war alles wieder eingestürzt, und so oft man seitdem einen Schacht in den Berg trieb, ist jedes Mal in der Nacht alles wieder eingesunken. Manche sagten, es dürften höchstens sechs Bergleute in einer solchen Grube arbeiten, den übrigen würde der Hals umgedreht. Darum mochte sich keiner mehr hinein wagen – und das, obwohl im großen Rammelsberg noch weit mehr Silber und Gold als im kleinen zu finden war.

Hundert Jahre Hexerei

Die neue Mühle an der Innerste

In der neuen Mühle an der Innerste im Oberharz spukte es. Das lag daran, dass dort die alten Papstbesitztümer zerstört wurden, als die Mühle gebaut wurde. Wo jetzt die Mühle steht, stand früher ein Kloster. In protestantischen Zeiten foppten die Geister der alten Mönche die Arbeiter den ganzen Tag. An einer Stelle brannte ein Flämmchen, und ein dicker Mönch war den ganzen Tag sichtbar und wies auf das kleine Feuer. Die Arbeiter ließen, weil sie vor Geistern nicht mehr aus und ein wussten – aber außerdem vermuteten, dass hier Schätze vergraben seien –, einen Pater kommen und fragten, was hier zu tun sei. Der Pater sagte, als er das Treiben der Geister eine Weile mit angesehen hatte, hier läge sehr vieles im Argen und deshalb könnten die Geister nicht ruhen. Er ließ die Arbeiter neben dem kleinen Flämmchen graben und tatsächlich fand man einen dreimal verschlossenen Kasten. Doch der Pater sagte, ehe das Geld herausgenommen werden könne, müsse er den Kasten erst mit nach Hause nehmen und viele Gebete darüber sprechen. Man fuhr ihm den Kasten mit vier Pferden ins Pfarrhaus. Als der Pater auch nach Tagen nicht wiederkam, machten sich die Arbeitsleute auf zum Pfarrhaus. Der Pater war fort, aber der Kasten stand noch da. Es war nichts darin außer einem einzigen roten Pfennig.

Als die neue Mühle bereits in Betrieb war, nachdem sie im vorigen Jahrhundert an die Familie Weibgens verpachtet worden war, schwärmten dort Mönche und Schüler in solchen Massen auf den Gängen umher, dass die Knappen sich kaum noch trauten, Korn aufzuschütten, wenn die Mühle klingelte. Manchmal trugen die Geister Puffjacken und grüne Schachthüte. So sahen die Knappen sie, wenn man das Korn aussackte.

Einst war ein Mühlknappe dort tätig, der viel in der Bibel las und es verstand, mit den Geistern umzugehen. Er war an einem Sonntagnachmittag allein in der Mühle, hatte alle Türen verriegelt und vertiefte sich wieder in der Bibel. Da kam der Teufel zu ihm in die Mühle. Der Mühlknappe fuhr ihn an, wie er denn hierher gekommen sei, und zeigte ihm eine Stelle in der Bibel. Dort stand geschrieben:

›Hebe dich weg von mir, Satan.‹

Da flog der Teufel durch das Dach hinaus. Er hinterließ ein Loch, das man niemals wieder schließen konnte.

Im Wohnhaus der neuen Mühle erschienen ebenfalls regelmäßig Geister: Mönche und Bergleute, auch oftmals die zwölf Schüler. Von letzteren trug der erste stets ein Buch. Darin blätterte er die ganze Stunde von elf bis zwölf Uhr, denn die Geister kamen immer mit Schlag elf herein und Schlag zwölf waren sie wieder fort. Dieser erste trat mit seinem Buch an den Tisch, ein zweiter sah ihm über die Schulter ins Buch hinein. Der Zwölfte aber stellte eine Glocke auf den Tisch. Die nahm er Punkt zwölf wieder weg, und dabei erklang die Glocke ganz seltsam.

Unter den übrigen Geistern waren drei, die ihre Namen von den Leuten in der Mühle erhalten hatten. Der eine war Dickauge, denn ihm hing ein dickes Auge aus der Höhle heraus. Er trug ein weißes Laken, das er vor der Stirn zusammengebunden hatte. Dickauge klopfte stets nur, um die Leute zu ärgern. Wann immer Lärm in der Mühle entstand, war es immer dieser boshafte Geist. Dann hieß es, es sei nur das Dickauge, und man kümmerte sich nicht weiter darum. Ein anderer Geist hieß Fegelork, weil er die Mühle immer mit einem flammneuen Besen fegte.

Das beste Wesen von allen hieß das Freundliche. Es brachte stets einen Stuhl mit in die Stube, den es in die Mitte stellte. Das Freundliche selbst stand daneben, und winkte jedem zu, sich auf den Stuhl zu setzen. Das tat aber keiner und wenn sich um zwölf niemand darauf gesetzt hatte, nahm es seinen Stuhl und ging mit ihm wieder zur Tür hinaus. Dann sah es jedoch nicht mehr so freundlich aus, sondern schien betrübt. Das Freundliche erschien in der Regel alle sechs Wochen. Ihm schien es am liebsten zu sein, wenn sich eine lustige Gesellschaft bei Spiel und Tanz vergnügte. Dann trat das Freundliche mit seinem Stuhl in diese heitere Gesellschaft und vergnügte sich mit den Menschen.

Die Familie Weibgen hatte die neue Mühle fast hundert Jahre in Pacht. Man zahlte jeden Tag einen Taler, scheiterte aber schließlich wegen Viehsterbens und anderem Unglück. Die Kühe wurden nach und nach verhext. Sie sahen munter aus und fraßen den ganzen Tag, waren aber nichts als Haut und Knochen. Manche schwollen auf und gaben faule Milch.

Einmal blickte die Müllerin nachts aus ihrem Zimmerfenster und sah eine Waschfrau aus Clausthal-Zellerfeld. Die ging mit einem Zentner Mehl auf dem Rücken vor den Stall und machte mit dem Fuß Kreuze an der Schwelle. Die Müllerin schimpfte sie aus dem Fenster, und die Waschfrau ging still davon. Man wusch die Stelle mit viel Wasser ab, aber die Waschfrau hatte ihr Werk getan, denn bald darauf wurde wieder eine Kuh krank.

Einst musste der Abdecker wieder wegen einer kranken Kuh kommen. Da sagte er, man wolle die kranke Kuh lebendig zu einer grünen Stelle bringen und sie dort totstechen. In der Herzkammer befände sich eine Blase, wie eine Walnuss groß. Darin wären lauter kleine Eidechsen. Die Blase aber müsste ungeöffnet verbrannt werden. Würde sie geöffnet, hüpften die kleinen Eidechsen davon und zur Hexe hin, und es finge mit dem Verhexen wieder von vorne an. Die Blase fand sich, die Müllerin aber wollte unbedingt die kleinen Eidechsen sehen und meinte, sie würden ja wohl zu halten sein. Die Blase wurde aufgeschnitten, ein dicker Schwarm Eidechsen huschte in alle Himmelsrichtungen und bald waren alle wieder bei der Hexe. Da ging das Verhexen erst recht los. Hätten sie die Eidechsen verbrannt, wären der Hexe die Finger verbrannt und man hätte sehen können, wer es gewesen war.

Wieder wurde eine Kuh der Mühle krank. Dieses Mal war man klüger. Der Schinder sagte, sie wollten das Ding nun einmal anders anfangen. Er wies an, von der kranken Kuh Milch zu nehmen, ein paar Tropfen auf die Kloben der Stalltür zu gießen und die Tür hin und her zu bewegen, aber nicht ganz zu schließen. Es war ein Vetter zu Gast in der Mühle, der hatte sich einmal den Magen verdorben und konnte nichts mehr vertragen als weichgeklopftes Fleisch und Wein, aber kein Brot und keine Suppe. Er sagte, er wollte auf der neuen Mühle sein letztes Stündchen abwarten. Der Vetter konnte nicht mehr ordentlich deutsch und sprach:

»Ich will das Tür bewegen, ich haben da Zeit dazu.«

Der Vetter nahm das Bewegen der Tür auf sich. Nach einer Weile kam eine Frau zum Wohnhaus. Sie bettelte, ihr sei so kalt, sie wolle sich wärmen. Aber die Müllerin ließ sie nicht herein. Als die Milch alle war, gab die Tür einen Schrei von sich, als hätte die bettelnde Frau ein Messer an der Kehle. Danach schlich sie noch einmal ums Haus herum und war dann verschwunden. Diese Frau log nachher, sie wäre von der Treppe herunter in eine Säge gefallen und hätte sich dabei die Hände zerrissen, aber es war vom Bewegen der Tür und der Milch auf den Kloben.

Auch die Pferde wurden krank wegen Hexerei. Allerdings kann man es bei den Rössern nicht so wahrnehmen, weil Krankheiten bei ihnen einen viel rascheren Verlauf nehmen als bei Kühen. Die Hühner blieben ebenfalls nicht verschont. Die Müllerin verzweifelte. Abends noch gesund, lagen sie morgens tot im Stall, ganz breit gedrückt. Jemand sagte, sie solle mit arabischem Weihrauch räuchern, das wäre gut gegen Schabernack und Spukerei. Das tat die Müllerin auch und es half. Sie kaufte sich einen ganzen Vorrat an Weihrauch und räucherte von nun an alle vier Wochen den Hühnerstall aus. Wenn sie es nur um einen Tag aufschob, kam gleich wieder das Sterben unter die Hühner.

Die Sonne gab der Mühle den Rest mit einer großen Trockenheit, sodass die Fische halb aus der Innerste hervorguckten, und an mehreren Orten Feuer aufflammten. Das Mühlwasser wurde weniger und weniger. Schließlich verarmten die Erben der Weibgens, obwohl sie rechtschaffene Leute waren.

Voilà la soupe et la saucisse. Bon appétit, Madame!

Die Räuber vom Eckernkrug im Schimmerwald

Der Schimmerwald zwischen Bad Harzburg und Ilsenburg war verrufen wegen der Räuber, die früher darin hausten. Eine alte Frau aus Clausthal wurde einmal im Schimmerwald von der Nacht überrascht und musste im Eckernkrug um Notunterkunft bitten. Sie schlief auf dem Fußboden in der Stube. In der Nacht kam eine Vielzahl Räuber. Sie hatten einen dicken Mann gefangen. Sie schlachteten den Mann, zerteilten das Fleisch und machten Wurst daraus. Ehe sie das aber taten, leuchteten sie über die alte Frau. Man kitzelte sie sogar an den Füßen, um zu sehen, ob sie auch fest schliefe. Hätte sie sich dabei nur im Geringsten bewegt, wäre sie auch geschlachtet worden. Sie überstand alle Proben und sah doch genau, was vor sich ging.

Am anderen Morgen sagten die Räuber, sie hätten in der Nacht ein Schwein geschlachtet, ob sie denn nichts gehört hätte. Gar nichts habe sie gehört, sagte die Alte, sie habe in ihrem Leben noch nie so gut geschlafen wie in dieser Nacht. Dabei sah sie die Räuber freundlich an. Hätte sie das aber nicht getan, so hätte sie doch noch sterben und in den Wurstkessel wandern müssen. Da setzten die Räuber ihr Wurstsuppe vor, einen großen Teller, dampfend heiß. Die alte Frau vom Zellbach aß die Wurstsuppe und lobte sie. Hätte sie das nicht getan und nur den geringsten Ekel gezeigt, so hätte sie sterben müssen. Danach brachten ihr die Räuber eine frische Wurst, im Ring, drei Pfund schwer. Die Frau packte die Wurst in ein Tuch und sagte, sie wolle diese ihren Kindern mitnehmen und bedankte sich viele Male dafür. Hätte sie das nicht getan, so hätte sie doch noch sterben müssen.

So aber ließen sie die Räuber ihres Weges ziehen. Als sie nun eine Strecke weit im Walde gegangen war, begegneten ihr zwei Männer, die sie nicht kannte. Die Männer fragten, wo sie denn übernachtet hätte. Die Frau sagte, sie habe im Eckernkrug genächtigt. Da lästerten die Männer über die Leute aus dem Eckernkrug und sagten, dass von denen viel Böses geredet werde. Doch die alte Frau entgegnete nur, man könne es nicht allen recht machen. Sie habe selten mildtätigere Menschen getroffen als die im Eckernkrug. Zum Beweis wies sie die Wurst vor, die man ihr geschenkt hatte. Hätte sie das nicht getan, so hätte sie doch noch sterben müssen, denn die Männer gehörten zu der Räuberbande. Nach einer Weile begegnete sie wieder zwei Männern, die abermals die Leute auf dem Eckernkruge schlecht machten und geradeheraus sagten, es seien Räuber. Da wies die Frau von neuem ihre Wurst vor, rühmte den Charakter der Leute und sagte, solche guten Leute wie im Eckernkrug gebe es auf Gottes Erdboden nicht mehr. Hätte sie aber das nicht gesagt, so hätte sie immer noch sterben müssen, denn auch diese Männer waren Räuber. Als die alte Frau aus dem Schimmerwald heraus war, ging sie so schnell sie konnte zur nächsten Ortschaft. Dort erzählte sie dem Schulzen, was sie gesehen hatte. Der kommandierte sofort einen Trupp Feldjäger, und die Räuber wurden allesamt verhaftet. Als diese nun an Händen und Füßen gebunden auf dem Boden lagen, wurde das Mütterchen zu ihnen geführt. Noch einmal sagte sie aus, sie habe alle diese Männer zur Nachtzeit im Eckernkruge ein- und ausgehen sehen, und sie habe miterleben müssen, wie sie den Mann geschlachtet hatten. Die Räuber schäumten vor Wut, dass das Mütterchen gesund und munter vor ihnen stand und sie überlistet hatte.

Braver Bello!

Die Sage vom Hund Quedel

Das Quedlinburger Stadtwappen zeigt einen silbernen Hund mit schwarzem Halsband. Der Vierbeiner heißt Quedel und sitzt mitten im Stadttor Wache. Die Einwohner hielten eines Tages Versammlung, wie sie ihre Siedlung nennen sollten. Man war derart in die Angelegenheit vertieft, dass man die Umgebung nicht im Auge behielt.

Ein Hund namens Quedel soll die Bürger durch sein lautes Bellen vor einer herannahenden Räuberbande gewarnt haben, sodass die Stadttore gerade noch rechtzeitig verschlossen werden konnten. Aus Dankbarkeit und als Erinnerung nannten die Bewohner den Ort Quedlinburg und nahmen den wachsamen Hund in ihr Wappen auf.

»Ich kann nicht glauben, dass es Butter ist!«

Die Uftrunger Butterhexen

Eine Frau in Uftrungen nahm aus einer besonderen Dose mehrere Prisen. Diese warf sie in das Butterfass und hatte jedes Mal reichlich Butter. Das sah eine andere Frau, nahm ihr etwas aus der Dose, warf es in ihr Butterfass und auch sie hatte sogleich reichlich Butter. Als sie aber ihre Butter nach Stolberg zum Verkauf tragen wollte und im Wald an den Kreuzstieg gelangte, trat ihr aus der dichten Waldung plötzlich ein Mann entgegen. Er fragte, was sie zu verkaufen hätte. Butter, antwortete sie. Nein, erwiderte er, sie hätte keine Butter, sondern Kuhdreck zu verkaufen. Tatsächlich war in ihrem Korb keine Butter, sondern Kuhdreck. Seitdem nannte man in ganz Stolberg diese Butterfrauen nur noch die Uftrunger Butterhexen.

Bescheidenheit krönt Menschen, Neid krönt Hexen

Die verzauberte Prinzessin Ilse

Am Ilsestein bei Ilsenburg stand früher ein noch größerer Felsen mit einem Schloss. Dort lebte ein König mit seiner Tochter Ilse, deren Wesen alle Ritter weit und breit bezauberte. Ihre Schönheit missgönnten ihr die reiche, alte Hexe Angela und deren Tochter Trude. Beide wohnten nahe dem Schloss im Tal, doch nie hielt einer der Bewerber an, um auch nur einen Blick auf Trude zu werfen. Eines Tages kam ein Edelmann an ihre Türe. Erschöpft von seiner langen Reise bat er um ein Nachtlager. Trude verliebte sich sofort in den hübschen Jüngling und bettelte bei der Mutter, dass sie ihn verzaubere. Also gab diese dem Ritter während seiner Nachtruhe Tropfen in die Augen, hieß Trude sich neben ihn zu setzen, dass sie das erste wäre, was er nach dem Schlaf erblicke. Es gelang. Dem Jüngling erschien die Hexentochter als das liebste Wesen und er hatte den Zweck seiner Reise vergessen.

Alles war für die Hochzeit vorbereitet. Der Edelmann war im Wald unterwegs und wurde durstig. Er trank aus einem Gebirgsbach, erfrischte sein Gesicht mit dem klaren Wasser und wusch sich den Hexenzauber aus den Augen. Voller Schrecken erkannte er seinen Irrtum und es fiel ihm wieder ein, weshalb er von so weit her gekommen war. Sofort begab er sich zu König Kevins Festung, und wahrlich, Ilse und der fremde Jüngling waren füreinander bestimmt. Ihre Liebe entflammte wie ein unauslöschliches Feuer. Auch der König hatte nichts gegen den Edelmann und gab ihnen seinen Segen.

Die Hexentochter Trude war außer sich. Ihre Mutter versprach, dass keine ihn haben solle. In der Walpurgisnacht ritt Angela auf ihrem Besen zum Brocken. Dort bat sie den Fürsten der Finsternis um Hilfe. Mit in aller Bosheit vereinten Zauberkräften sandte man ein schreckliches Unwetter hinab. Teile des riesigen Ilsefelsens und das ganze Schloss wurden hinweggerissen. All seine Bewohner starben eines qualvollen Todes. Nur die Prinzessin Ilse wurde durch eine geheime Kraft gerettet, doch für alle Zeit in den Berg verwunschen. Manchmal noch kann man sie wehklagend ihren Liebsten suchen hören. Ab und zu zeigt sie sich oder badet im nach ihr benannten Fluss. Nähert man sich ihr ehrlichen Herzens, wird man reich beschenkt, hat man jedoch Böses im Sinn, wird man in eine Tanne verwandelt.

Es stehen viele Tannen in ihres Bades Näh'
Verzaubert hat die Mannen die keusche Wasserfee.

Sagen und Legenden von Kirchen und Klöstern

Williger Geist und schwaches Fleisch in Gottes allmächtiger Hand

Das geht auf keine Kuhhaut!

Die Legende vom Geisterseher

In einer Sonntagnacht zwischen elf und zwölf Uhr wurde in Clausthal-Zellerfeld ein Bergmann geboren. Der Mann konnte Geister sehen. Wenn er nachts einem begegnete, sprach er mit ihm. Allerdings hatte er nur mit guten Geistern zu tun, denn er war ein frommer Mann. Mit bösen Geistern gab er sich nicht ab.

An Fastnacht war er in der Kirche. Der Pastor stand auf der Kanzel, Gottes Wort auslegend und erklärend, wie ein Bergmann sich verhalten müsse, wenn er Gott lieb und angenehm sein will. Es saßen zwei Männer auf der anderen Empore, dem gegenüber, der Geister sehen konnte. Die Männer schwatzten miteinander, lachten, und hörten nicht darauf, was der Pastor sprach. Hinter ihnen stand Meister Urian. Er hatte eine Kuhhaut vor sich und eine große Feder in der Hand. Mit dieser Feder schrieb er auf die Kuhhaut alles, was die beiden schwatzten, jedes Wort, mit großen Buchstaben, dass es der Bergmann lesen konnte.

Als der Pastor die Predigt beendet hatte, das Vater Unser betete und den Segen sprach, hörten die beiden noch immer nicht auf zu schwatzen und zu lachen, doch der Leibhaftige konnte nicht alles auf die Kuhhaut bringen. Da trat er mit einem Fuß auf die Haut und mit den Händen zog er sie zu sich, um sie zu strecken. Als er so mit aller Gewalt zog, rutschte ihm die Kuhhaut unter dem Fuß weg. Urian fiel rücklings nieder und streckte die Beine zum Himmel. Der Bergmann hatte alles mit angesehen, konnte sich nicht halten und lachte so laut, dass es in der ganzen Kirche schallte. Der Pastor erkannte ihn gleich und merkte es sich. Als die Leute aus der Kirche strömten, wartete er, bis auch der Bergmann herauskam. Dann sagte der Pastor zu ihm, er möchte doch bitte mit ihm gehen, er hätte ein paar Worte mit ihm zu sprechen.

Der Pastor hielt ihm eine Strafpredigt, wie man sie lange nicht gehört hatte. Er solle sich der Sünde schämen, sogar am höchsten Feiertag im Gotteshaus vor allen Menschen den Segen verspottet zu haben. Dafür könne es ihm nun nimmermehr wohl ergehen. Danach erzählte ihm der Bergmann, was er gesehen hatte, und nannte dem Pastor alles, was der Böse auf die Kuhhaut geschrieben hatte. Der Mann Gottes sagte nun, der Bergmann möchte ihm doch bitte den Gefallen tun und noch ein paar Augenblicke warten. Der Pastor ließ die beiden rufen und fragte, was sie heute Morgen während der Predigt gesprochen hätten. Da sagten die beiden, sie hätten nicht gesprochen. Er fragte sie noch einmal, aber sie blieben dabei, dass sie nicht gesprochen hätten. Der Pastor rief daraufhin den Bergmann ins Zimmer, und der erzählte noch einmal, was sich zugetragen hatte. Da erschraken die beiden, bekannten sich zu ihrem Schwatzen und wollten es im Leben nicht wieder tun.

Am nächsten Sonntag saß der Bergmann wieder an seinem Platz in der Kirche und gegenüber saßen wieder die beiden anderen. Als der Pastor auf der Kanzel stand und Gottes Wort auslegte, stand auch Meister Urian wieder hinter den beiden, mit Kuhhaut und Feder. Doch die Bergleute sprachen kein Wort, sondern hörten aufmerksam zu. Als der Pastor das Vater Unser betete und den Segen gab, beteten sie andächtig mit. Da nahm der Herr Urian seine Kuhhaut zwischen die Zähne und zerriss sie, zertrat seine Feder mit den Füßen und stürzte wütend durch den Gang, die Treppe hinunter und zur Kirche hinaus. Alle Menschen hatten den Lärm gehört, aber keiner konnte sagen, was die Ursache war. Nur der Geisterseher hatte alles mitverfolgt und musste die Geschichte nachher oftmals erzählen.

Wasser zu Wein und Gold zu Kloster
Die Gründung des Klosters Ilfeld

Graf Ilger von Bielstein bewachte den Eingang in das Gebirge, den man später Porta Ilefeldensis nannte. Der Graf ermordete und beraubte jeden, der ihm in den Weg kam. So zog denn auch eines Tages Graf Konrad von Beichlingen diesen Weg entlang. Graf Ilger lauerte ihm auf und erschlug den Beichlinger. Doch kaum war der Mord geschehen, als sich Kobolde und Berggeister aus ihren Klüften und Höhlen erhoben. Sie rollten Felsen in das Tal hinab, einer größer als der andere, dass die kleine Bere über die Ufer trat, alles mit ihrem Wasser füllte und Graf Ilgers Grund und Boden unter den Fluten begraben wurde. Alle Wege waren versperrt, nur eine einzige kleine Öffnung hatte sich zwischen ein paar Felsen gebildet, durch welche Ilger gerade so noch kriechen konnte, um auf die andere Seite des Tales zu gelangen. Dort gelobte er zur Sühnung und Buße an dem Ort, wo er Graf von Beichlingen erschlagen hatte, ein ewiges Licht zu gründen. Als er diese Worte ausgesprochen hatte, öffnete sich das Tal wieder, der Fluss trat ruhig in sein Bett und Ilger wurde ein frommer Mann. Aus seiner Stiftung entstand der Klosterort Ilfeld.

Die Gräfin von Schloss Ilburg sah eines Tages mitten im Wald ein großes Licht brennen. Sie weckte ihren Mann, doch der sah nichts. Die Gräfin hatte es aber eine Stunde lang brennen sehen. Die zweite Nacht sah sie es um dieselbe Zeit, sie weckte den Grafen abermals, der aber sah wieder nichts. In der dritten Nacht sah die Gräfin es wieder. Dieses Mal aber sagte sie dem Grafen nichts, sondern sattelte stillschweigend ein Maultier mit so viel Geld, wie es nur tragen konnte, und ritt damit auf das Licht zu. Als die Gräfin näher kam, sah sie, dass das Licht ein großes Feuer war. Es rollte sich zusammen in ein großes feuriges Mühlrad und stob in den Wald hinein. Die Gräfin folgte dem feurigen Rad auf ihrem Maultier und gelangte an eine Stelle, an der das Rad mit einem Mal erlosch. Die Gräfin ließ von dem Geld, das sie auf den Esel geladen hatte, eine Kirche bauen. Als man an der Stelle, wo das Feuer gebrannt hatte, einen Graben für die Grundmauer aushob, wurden zwei Tonnen Gold gefunden und mit für den Klosterbau verwendet.

»Hol' mir mal 'ne Flasche Bier, sonst streik' ich hier!«

Die Sage vom Säuferkönig

Graf Ernst von Klettenberg ritt an einem Sonntagmorgen zu einem großen Gelage nach Ellrich. Man hatte eine große Zahl von Rittern eingeladen, hier um den Sieg zu trinken. Der ausgesetzte Ehrenpreis war eine goldene Kette sowie das lebenslange Recht, mit dem Sieg zu prahlen. Viele Stunden vergingen. Die Ritter tranken, was die Kehlen hielten.

Nach und nach jedoch lichtete sich das Feld. Einer hier, einer dort, man erlag der Last ungeheurer Mengen, und wurde mit lautem Hohngelächter der noch stehenden Zecher im Boden des Saals begraben. Nach weiteren Stunden blieben nur noch vier Edelleute auf dem Kampfplatz übrig. Drei von ihnen lehnten schließlich an der Wand. Ihre lallenden Zungen und zitternden Hände konnten nicht länger verbergen, was ihr Geist längst wusste. Nur Graf von Klettenberg stand noch auf freien Füßen, griff sich die goldene Kette vom Tisch und hing sie sich um den Hals. Der Graf wankte aus dem Saal, um sich dem Volk als Sieger zu präsentieren. Er befahl sein Ross herbei, schaffte es mit Hilfe von vier Knappen in den Sattel, und so ritt er unter dem Gekreische der hinzuströmenden Menge durch das Städtchen, um alsbald nach Klettenberg heimzukehren.

Beim Ritt durch die Vorstadt hörte er in der Kirche Sankt Nikolaus die Vesper singen. Graf von Klettenberg ritt im Vollrausch in die Kirche hinein, durch die versammelte Gemeinde hindurch bis vor den Altar. Der Gesang der Andacht ging in starres Staunen und bald in wildes Geschrei über. Als das angespornte Ross jedoch die Stufen des Altars betrat, fielen plötzlich alle vier Hufeisen ab. Es sank mitsamt seinem Reiter nieder und beide standen nicht wieder auf. Gott höchstpersönlich hatte des Grafen Untüchtigkeit zum Führen eines Pferdes festgestellt und sofort geahndet. Zum Andenken wurden die vier Hufeisen an die Kirchtür genagelt. Dort konnten sie Jahrhunderte lang bestaunt werden, wegen ihrer Größe und wegen der sonderbaren Geschichte. Nach einem Kirchenbrand wurden sie ins Ellricher Rathaus gebracht.

Seit dieser Zeit gab es in Ellrich ein Gerippe, das sich alle siebzig Jahre auf dem Bunteltteich sehen ließ. Es war das Gespenst des Säuferkönigs Graf von Klettenberg. Wer auch immer das Gerippe erlöst hätte, wäre ein reicher Mann gewesen. Einstmals waren wieder siebzig Jahre um gewesen. Eine Frau kam daher, sah das Gerippe auf dem Wasser schwimmen und hörte, wie es um Erlösung bat. Doch die Frau lief so schnell wie möglich davon und erzählte alles ihrem Mann. Der lief sogleich zurück, um den Säuferkönig zu erlösen und das Geld zu gewinnen. Doch das Gespenst war schon wieder im Wasser versunken. Die Frau soll von diesem Tag an weder Frieden noch Glück gehabt haben und eines grässlichen Todes gestorben sein.

Wie ein Junge fast für immer sitzengeblieben wäre

Der Zaubersaal in Walkenried

In Walkenried lebte ein Knabe aus Ellrich namens Damian. Bei einem Springspiel in der Knabenschule des Klosters wurde Damian plötzlich auf einem bestimmten Platz gebannt, sodass er sich nicht mehr fort bewegen konnte. Die mitspielenden Jungen erschraken und riefen den Rektor dazu. Der Rektor überlegte eine Weile und vermutete dann, dies könne von einer alten Beschwörung herrühren. Er hatte bereits mehrfach davon gehört, es aber nie wirklich glauben wollen, dass sowohl in der seit 1566 bestehenden Knabenschule als auch in dem noch viel älteren Zisterzienserkloster von den Mönchen während der Bauernkriege im frühen sechzehnten Jahrhundert massenhaft Schätze in Sicherheit gebracht worden waren.

Er fragte Damian, ob er eine Schrift oder Zeichen sehen könne. Der Junge sah tatsächlich griechische Schriftzeichen und er musste diese dem Rektor genau beschreiben. Außerdem erblickte Damian Kreise, Quadrate, geometrische Formen, Zeichen und merkwürdige Symbole. Der Rektor sinnierte nun, dass hinter einer dieser Mauern ein Schatz verborgen sei. Er sprach es aus und erlöste somit den gefangenen Damian. Der Rektor ließ ein paar Männer herbeirufen. Man brach eine der Mauern auf, die von den

Zeichen und Symbolen beschrieben wurde. Hinter der Mauer lag ein großer Schatz: Geld, Schmuck, Silber und wertvolles Geschirr.

~ ~ ~

Im Jahre 1687 lud der Gothaer Bürgermeister Herr Doktor Weitz einige Herren ein, mit ihm im Kloster nach weiteren Schätzen zu suchen, denn man war sich sicher, dass noch mehr von den Mönchen mit gewissen Beschwörungen eingemauerte Schätze sich hinter den Mauern befanden. Man kam überein, dieses Mal eine Wünschelrute zu benutzen. Außerdem suchte man nicht nur nach materiellen Schätzen wie Gold und Silber, sondern auch nach dem Lapis philosophorum, dem Stein der Weisen. Der Bürgermeister und die Herren versammelten sich im Saal und man begann, mit der Wünschelrute zu suchen. Die Gesellschaft war von einer Feier gekommen und man nahm die Sache wohl nicht übermäßig ernst. Die Wünschelrute schlug aus. Einmal, zweimal, dreimal. Sie hörte nicht mehr auf und zeigte sowohl zur Wand als auch nach oben. Plötzlich spürten alle im Saal etwas wie einen Windstoß, einen Luftzug, und es wurde ebenso plötzlich dunkel. Der Rutengeher warf die Rute weg, doch sie bewegte sich noch immer. Alle im Saal Anwesenden fühlten sich wie an den Haaren zur Decke emporgezogen und man machte, dass man hinauskam. Für die Männer bestand kein Zweifel, dass sich noch viele weitere Schätze hier befinden mussten. Doch bis heute hat sich niemand an deren Hebung gewagt.

Wer braucht schon eine goldene Gans?

Die blecherne Henne

Als die Clausthal-Zellerfelder Kirche abgebrannt war und wieder aufgebaut werden sollte, half jeder, wie er nur konnte. Es war aber ein armer Mann darunter, der hatte nichts und hätte doch auch gern seinen Anteil dazugegeben. Als er darüber nachdenkt, fällt ihm ein, wenn er einen Korb Pilze pflücke, könne er die verkaufen. Außerdem, wenn er sage, was er mit dem Geld tun wolle, gäbe es sicher auch den einen oder anderen Groschen mehr.

Also ging er gleich in den Wald. Doch der Mann verirrte sich. Er kam zu einer freien Stelle, sah sich um und überlegte, wo er wohl sein mochte. Plötzlich packten ihn drei verkleidete Männer, hielten ihn fest, verbanden ihm die Augen und führten ihn mit sich. Es ging eine Treppe hinab, dann wurde ihm die Binde von den Augen genommen. Man war in einem großen Saal, der ganz fein eingerichtet war. Es brannten viele Lichter, es war hell wie der Tag. Dort saßen viele Männer, alle verkleidet. Einer verhörte ihn, was er im Wald zu suchen habe. Da erzählte der arme Mann aufrichtig, wie es ihm ergangen und was sein Plan gewesen war. Er bat, man solle ihm wieder seine Freiheit geben, seine Frau und Kinder warteten auf ihn, hungrig und in Sorge. Aber er wurde nicht ziehen gelassen, sondern in ein anderes Zimmer geführt, wo man ihm Speise und Trank gab. Man sagte ihm, er solle sich stärken, dann ruhig schlafen legen, morgen wolle man mehr mit ihm reden.

Das Zimmer war ganz prächtig, Essen, Wein und das Bett waren nicht, wie man es sich von Spitzbuben vorstellte. Nach dem Essen sann er nach, wer die Männer sein könnten. Räuber wohl kaum. Für Zwerge waren sie zu groß, es waren also wohl Venediger. Was die wohl mit ihm vorhatten? Am anderen Morgen wurde er geweckt und bekam erst einmal Frühstück mit Wein und feinem Backwerk dazu. Dann wurde er wieder vor die Herren geführt. Die waren nicht mehr verkleidet und erschienen als ganz normale Leute. Man fragte ihn, ob er Lust hätte, die Welt zu sehen, denn wenn er ehrlich wäre, könne er ein reicher Mann werden. Der arme Mann erwiderte, er wisse ja nicht, wer die Herren wären und ob er ihnen trauen könnte. Außerdem müsste er Frau und Kind verlassen und das wäre doch unrecht. Man sehe, dass er eine ehrliche Haut sei, erwiderte einer der Männer wiederum. Wenn er sich etwas wünsche, so sage er es. Er bat sie um ein paar Groschen für die Kirche, denn es wäre ihm doch so peinlich, dass er gar nichts geben könne. Die Sammler kämen heute und am Ende würde man von ihm denken, er sei nur so lange ausgeblieben, um nichts geben zu müssen. Die Herren wären ja scheinbar so reich, vielleicht könnten sie auch etwas für den Aufbau der Kirche tun. Da gab es ein lautes Gelächter. Einer der Herren sagte, der Mann solle sich etwas aussuchen. Danach führte man ihn in ein anderes Zimmer und zeigte ihm große Kisten voller silberner Pistolen. Doch der arme Mann zögerte.

»Ich werde mich hüten, woher sollte ich so etwas haben? Es hieße, ich hätte es gestohlen.«

»Des Menschen Wille ist sein Himmelreich. Weiter haben wir nichts für dich.«

Damit gab ihm der Mann eine blecherne Henne. Auch gut, dachte der arme Bergmann und bedankte sich. Darauf wurden ihm wieder die Augen verbunden und so wurde er wieder abgeführt. Als ihm die Binde abgenommen wurde, befand er sich auf einem bekannten Weg, auf dem er rasch und sicher nach Clausthal-Zellerfeld gelangte. Seine Frau war erleichtert und fragte, wo er denn so lange gesteckt habe. Da erzählte er ihr alles. Keiner von beiden wusste, was man nun mit der Henne tun sollte. Und während sie das Ding betrachteten und betasteten, öffnete sich auf einmal unter dem Bauch der Henne ein kleines Kläppchen, aus dem fielen lauter Goldstücke heraus, allesamt wie kleine Küchlein aussehend. Es war eine große Freude und Erleichterung im Hause. Der arme Mann war mit einmal Mal reich, ließ die Clausthal-Zellerfelder Kirche bauen, und zum Wahrzeichen hat er die Glucke mit den Küchlein über den Kirchtüren in Stein abbilden lassen.

Die fromme Frau und das wundersame Wasser
Die Sage vom heiligen Teich

Hathui war die erste Äbtissin des Klosters Gernrode und Schwiegertochter des Stiftgründers Markgraf Gero. Sie hatte fünfundfünfzig Jahre lang das Kloster geleitet. Die fromme Frau hielt sich jeden Tag zur selben Zeit am Teich auf. Das Teichwasser entwickelte mit der Zeit durch ihren Aufenthalt heilende Kräfte. Viele Kranke suchten den Teich zur Linderung ihrer Leiden auf. Eines Tages befiel Hathui selbst eine schwere Erkrankung. Zur selben Zeit wurde sie jedoch zu einer Sterbenden gerufen. Pflichtbewusst wachte sie am Bett der alten Frau, bis diese friedlich einschlief. Die Anstrengung jedoch schwächte Hathui noch mehr. Am nächsten Tag ging es ihr sehr schlecht. In der Stunde, zu der sie sonst am Heiligen Teich geweilt hätte, verstarb Hathui im Kloster an einem Blutsturz. Das Wasser des Teichs färbte sich blutrot, und später leuchtete es grün.

Gans im Glück

Der Gänseschnabel und der Mönch

Am nördlichen Ortsrand von Ilfeld stand ein Kloster, dessen Mönche mussten sich an sehr strenge Regeln halten. So durften sie zum Beispiel das Klostergelände zu keiner Zeit ohne die Erlaubnis des Abts verlassen. An der Klostermauer ging täglich ein junges Mädchen mit einer Schar Gänse vorbei. Man nannte sie Gänseliesel. Das Mädchen hatte langes, blondes Haar. Es war jedoch so arm, dass es als Waisenkind für seinen Lebensunterhalt die Gänse anderer Leute hüten musste. Das Mädchen erhielt nur einen sehr geringen Lohn und konnte sich keine Kleider kaufen. Besonders an kalten Herbsttagen fror sie in ihrem dünnen Kittelchen. Einer der Mönche hatte dies lange Zeit beobachtet. Er überlegte, wie er der Gänseliesel helfen könne, denn er hatte sie in seinem Herzen sehr lieb. Eines Tages folgte er ihr und den Gänsen trotz des strengen Verbots in den Wald. Das Gänseliesel freute sich, dass sich jemand um sie bemühte. Beide verliebten sich ineinander und trafen sich von nun an jeden Tag heimlich im Wald. Den Menschen blieb diese Liebe verborgen, nur die Waldgeister erfuhren davon.

Doch einmal stand der Mönch am Hang des Behretals und winkte seiner Gänseliesel auf der gegenüberliegenden Seite zu. Eine böse Hexe schlich sich an ihn heran, denn außerhalb der Klostermauern hatte sie Gewalt über ihn. Die Hexe verzauberte den armen Mönchen in eine Steinsäule. Dabei gab es ein gewaltiges Donnern. Als das Gänseliesel dies entdeckte, begann sie bitterlich zu weinen. Daraufhin verwandelte die Hexe auch sie in einen Felsen, welcher fortan Gänseschnabel genannt wurde. Noch heute stehen sich die beiden Liebenden am Ausgang des Behretals gegenüber und können sich doch nicht erreichen. Getrennt durch das tief in das Gebirge eingeschnittene Flusstal warten sie auf ihre Erlösung von dem bösen Zauber.

Sagen und Legenden vom Teufel und von Jungfrauen

*»Dort strömt die Menge zu dem Bösen /
Da muss sich manches Rätsel lösen.«*

Johann Wolfgang von Goethe

Satanische Auswärtsschwäche

Die Teufelsmauer

Zwischen Blankenburg und Quedlinburg liegt südwärts von Thale eine Felsenfläche, die man des Teufels Tanzplatz nannte, die aber heute Hexentanzplatz heißt. Nicht weit davon stehen die Trümmer einer alten Mauer und nordwärts erhebt sich ein großes Felsenriff. Diese Trümmer und dieses Riff nennt man Teufelsmauer.

Der Teufel hatte lange mit dem lieben Gott um die Herrschaft der Erde gestritten, vor allem darum, wer denn der Stärkere sei. Der Harz sollte ab sofort Herrschaftsbereich des Teufels sein – wenn es dem Fürsten der Finsternis gelingen würde, in einer einzigen Nacht eine Mauer um das gesamte Gebiet zu ziehen. Hoch musste sie sein, schwer, fest und massiv wie die Bauwerke römischer Kaiser. Der Teufel arbeitete wie der Teufel und das Mauerwerk wuchs in der Dunkelheit mit rasender Geschwindigkeit.

Niemand kann sagen, warum nun geschah, was geschehen ist. Vielleicht hatte der Allmächtige es nicht mit Sportsgeist. Er ließ eine Timmenroder Bauersfrau in aller Herrgottsfrühe mit einem Hahn zum Markt gehen und sie in Dreiteufelsnamen über einen Stein stolpern. Da reckte der Hahn den Hals und krähte das Ende der Nacht herbei. Der Teufel wusste sofort, was gespielt wurde. Voller Wut schleuderte er den größten Stein mit solcher Gewalt gegen die Mauer, dass sein Bauwerk auseinanderplatzte wie ein Wasserballon. Es blieben nur Bruchstücke übrig, zu künden von der Geschichte.

Der Storch im Harz nimmt Kinder bei Nichtgefallen auch ohne Kassenbeleg zurück

Die Lutterjungfer und Frau Holle auf dem Hausberg

Nahe der alten Burgstelle oben auf dem Hausberg war der Eselsborn, von dem früher das Wasser auf Eseln zur Burg geschafft wurde. Die Lutterjungfer hatte die Schlüssel zum Brunnen. Wenn sie aufschloss, gingen die Leute mit einer langen Stange zum Brunnen. An die Stange band man vorne eine Semmel, und zog einen kleinen Jungen oder ein kleines Mädchen aus dem Brunnen heraus. Frisch verheiratete junge Frauen gingen deshalb zum Eselsbrunnen und baten dort die Schlüsseljungfer um einen kleinen Jungen oder ein kleines Mädchen.

Wenn Kinder unartig waren, sagte man ihnen, sie mochten sofort still sein oder man brächte sie wieder zurück zum Eselsbrunnen. Wenn die Kinder dann vor den Eselsbrunnen hinträten und »duck, duck, duck« riefen, so kämen Esel heraus und holten sie hinein.

Im alten Lutterberger Schlosskeller war ebenfalls ein Brunnen. An jedem ersten Ostermorgen stieg die Jungfer vom Hausberg herunter und wusch sich in der Lutter. Dabei hatte sie einmal ein Mann gesehen, und dem verpasste sie eine saftige Maulschelle, weil er sie angesprochen hatte. Hätte er nichts gesagt, so hätte er sie erlösen können. Die Jungfer bewachte die großen Schätze im Burgkeller. Wer sie erlösen wollte, musste sich nur eine lange Zeit still und heimlich neben dem Brunnen verstecken.

Auch Frau Holle saß oben auf dem Hausberg. Sie wusch ihren Schleier oftmals unten in der Lutter. Auch wenn es die ganze Woche regnete, hoffte man in Lauterberg freitags und samstags noch auf gutes Wetter und sagte:

»Frau Holle muss doch bis Sonntag ihren Schleier wieder trocken haben.«

Null-hundertneunzig und sechsmal die sechs – mit Teufels Hand die Mühle wächst

Die Teufelsmühle

Ein habgieriger Müller hatte am Fuß des Rambergs eine Mühle geerbt. Die Mühle jedoch ernährte ihn mehr schlecht als recht. Manchmal fehlte der Wind, manchmal war der Müller faul, es kam einfach kein Geld ins Haus. Der Müller ersann den Plan, auf dem Gipfel des Rambergs eine neue Windmühle zu errichten, die ihm alle Arbeit abnehmen würde.

Der Teufel bekam Wind vom Vorhaben des Müllers und bot ihm seine Dienste an. In nur einer Nacht wollte er eine Mühle bauen. Als Gegenleistung sollte der Müller nach Ablauf von dreißig Jahren dem Pferdefüßigen seine Seele verschreiben. Der Müller willigte sofort ein – in dreißig Jahren ging viel Wasser die Bode hinab – und unterschrieb den Pakt mit seinem Blut. Die Mühle sollte vor dem ersten Hahnenschrei fertig sein. Der Teufel machte sich ans Werk und bald war der Bau vollendet.

Dem Müller wurde grimm, als er mit dem Teufel das Werk begutachtete. Nur zu gerne wäre er von dem Vertrag zurückgetreten. Sollte der gierige Teufel sich doch eine Seele suchen, aber wohl kaum seine freiwillig erhalten. Der Müller beharrte nun darauf, es sei vereinbart worden, der Mühle einen Trittstein hinzuzufügen. Der Teufel lehnte diesen Unsinn zunächst ab, willigte schließlich aber doch ein, und hatte den Trittstein schon in der Hand. Just in diesem Moment krähte ein Hahn und der Müller kündigte den Pakt wegen Nichteinhaltung der Fertigstellungsfrist. Der Teufel war außer sich vor Wut, denn schon wieder hatte er sich übertölpeln lassen. Er riss die Mühle mit einem Schlag wieder ein und erschlug den Müller mit seinem Trittstein.

»Es zwingt Sie ja keiner.«

Die Legende von Weber- und Teufelsturm

Graf Siegfried von Blankenburg zog nach Goslar, um den Einwohnern wieder einmal das Vieh zu stehlen. Doch die Tat misslang gründlich und der gierige Graf wurde gefangengenommen. Zur Strafe musste er am nördlichen Teil der Stadtmauer einen Turm errichten lassen. Der geizige Graf knickerte beim Material, bei den Bauleuten, beim Maurerbier, sodass das heute Weberturm genannte Bauwerk nicht den Vorstellungen der Goslarer Herren entsprach. Man ließ ihn nicht frei, ehe er nicht seine Strafe verbüßt hatte. Es blieb dem Grafen von Blankenburg nichts anderes übrig, als einen weiteren Turm in der Stadtbefestigung zu erbauen. Der adlige Räuber erbaute den noch heute so genannten Teufelsturm – jedoch unter Ausstoß wilder und schmutziger Flüche.

»So soll denn in Teufels Namen noch ein Turm gebaut werden!«

Mehr Jungfrauen als beim Schieberamsch mit Studenten

Die Jungfer vom Sachsenstein

Bei den Zwergen vom Sachsenstein wohnten auch Frau Holle und eine Jungfer mit Schlüsseln. Seit die Zwerge abgezogen waren, wurde ein fahles Männchen im Sachsenstein gesehen. Ein Eingang in den Sachsenstein, der aber schwer zu finden war, führte in die Wohnung der Jungfrau und des fahlen Männchens. Gleich vorn in der Höhle stand ein Tisch mit Brot und Wein. Die Jungfrau erschien entweder am hellen Mittag oder um Mitternacht.

Ein Schäfer hütete mittags einst seine Herde auf dem Sachsenstein. Da erschien ihm die Jungfrau mit dem Schlüsselbund. Sie breitete Flachs in der Sonne aus und harkte es auseinander. Er half ihr ein wenig und dabei gerieten ihm einige Knäuel in seine Schuhe. Als er abends die Schuhe auszog, fielen silberne Pistolen heraus.

~ ≈ ~

Ein anderes Mal hütete ein Schäfer am Sachsenstein und schlief dabei ein. Als er erwachte, erblickte er neben sich eine hübsche Lilie, pflückte sie und steckte sie an seinen Hut. Gleich darauf erschien die Jungfrau mit Schlüsseln und hieß ihn mitzugehen. Hinter einer großen eisernen Tür ging es an zwei Hunden mit glühenden Zungen vorbei und im nachfolgenden Schloss lag alles voller Gold und Silber. Die Jungfrau sagte zum Schäfer, er möge nehmen, so viel er möchte. Er füllte seinen großen Schäferranzen, nahm den Schäferhut ab und wollte diesen ebenfalls füllen. Dabei ließ er die Lilie fallen. Die Jungfrau rief dreimal, er solle das Beste nicht vergessen. Er achtete aber nicht darauf und ging ohne die Blume fort. Als er aus dem Schloss heraustrat, schlug die Tür ihm fast die Hacken ab. Da dachte er an die Blume, mit der er die Jungfrau hätte erlösen können, doch nun war es zu spät.

Die Sagen von der Osterjungfrau

Ein Ritter der Herzberger Trutzburg soll um die Hand der Osterjungfrau angehalten haben. Nachdem sie sich ihm versagte, drohte der Ritter. Er habe dreimal gegen Afrikaner gefochten, und ein indischer Schwarzmagier habe ihn gelehrt, sie zu einem Hund zu machen, der über die Güter ihres Vaters wachen müsse. Man hat nie wieder von dem Ritter gehört. Bei ihrem Erscheinen am Ostermorgen danach sang die Jungfrau mit glockenklarer Stimme ein Lied.

»Frühmorgens, da die Sonn' aufgeht, mein Heiland Christus aufersteht
Vertrieben ist der Sünden Nacht. Licht, Heil und Leben wieder bracht. Halleluja!«

~ ≈ ~

Ein Leinenweber sah in der Pfingstzeit plötzlich einen Lichtstrahl vor sich. Mehr noch, es war eine ganze Lichterstraße, die von der alten Osteroder Burg ausging. Vor der Burg lagen zwei Feuer speiende Löwen. Die Jungfrau bestellte den Weber für den nächsten Abend um elf. Sie erschien ihm mit dem Lichtstrahl und führte ihn nun an den wilden Löwen vorbei durch eine eiserne Tür in einen Gang, der ebenfalls hell erleuchtet war. Sie erreichten ein Zimmer, in dem auf einem Tisch ein Buch lag und daneben eine wunderschöne Kerze stand. Die Kerze aber war in Wirklichkeit eine Blume. Der Weber brach die Kerze ab, und es gab ein sehr sonderbares Brummen. Die Blume aber hatte solch großen Wert, dass der König sie dem Weber nicht abkaufen, sondern sie nur als Geschenk nehmen wollte und ihm ein Rittergut als Gegengeschenk gab.

Die Osterjungfrau führte einen Schneider in die alte Lerbacher Burg nahe der Söse. Sie selbst stand am Wasser und wusch sich. Links am Eingang lag ein Hund an der Kette. Im Schloss waren ein Kessel voller Gold, ein Rosenbusch und ein Lilienbusch. Der Schneider erhielt eine Lilie. Die aber war auch aus Gold und so wurde er sehr reich.

In der alten Burg bei Osterode spielten gerne Kinder, weil sie damals noch nicht so verfallen war. Auch die Küche war noch in ganz gutem Zustand. Einmal spielten die Kinder wieder dort und wollten sich, wie Kinder eben denken, in dieser Küche etwas kochen. Plötzlich sprang eine eiserne Tür auf. Eins der Kinder lief sogleich in den Gang. Am Ende des Gangs fand sich ein heller Saal. Dort standen drei Kasten an Ketten gebunden, daneben lag ein Pudel mit feurigen Augen, auch an eine Kette gebunden. An der Wand spiegelte sich eine weiße Jungfer, die verwünscht war. Die Kinder aber packte das Grauen. Sie liefen eiligst aus der Burg und erzählten den Eltern, was sie gesehen hatten. Die Eltern gingen darauf zu der alten Burg, um zu sehen, ob es wahr wäre. Als sie aber hinkamen, war alles verschwunden.

Es tat sich einmal eine große Menge junger Leute zusammen, um nach diesem Schatz in der alten Burg zu suchen. Der Müllersohn, ein unbesonnener, kecker Bursche, war auch mit dabei. Nachdem sie lange gegraben hatten, erreichten sie endlich einen großen Kellerraum, der weit in den Berg hineinreichte. Am Ende des Kellers gruben sie und fanden einen großen Kasten. Der Müllerbursche war einer von denen, die den Kasten trugen. Als sie damit schon fast in der Mitte der Höhle waren, erschallte plötzlich hinter ihnen eine furchtbare Stimme:

»Halt! Einen von euch muss ich zum Opfer haben!«

Sie ließen den Kasten fallen und stürzten zum Ausgang. Der Teufel schrie nur noch lauter:

»Nehmt das Geld und gebt mir einen! Wie wäre es mit dem da in der roten Kappe?«

Das war der Müllerbursche, denn er war der letzte der um ihr Leben rennenden Schar. Der Teufel hatte ihn schon beim Kopf, aber gerade wie er denselben umdrehen wollte, besann sich der Bursche und schrie, er solle ihn nicht haben und bekreuzigte sich dazu. Da warf ihn der Teufel zum Loch hinaus. Seit der Zeit hat dem Müllerburschen das Gesicht zur Schulter gestanden. In den Keller hat sich seitdem niemand mehr hineingewagt.

Der Teufel hat den Schnaps gemacht. Und den Duderstädter Turm

Der Teufel in Duderstadt

Der Teufel verführte alle Duderstädter Männer zum Trinken. Es wurde derart schlimm, dass die Frauen den Schuldigen auszumachen suchten und ihn zur Rede stellen wollten. Endlich erkannten sie den Teufel an seinem Pferdefuß. Doch die Frauen wollten lieber Nudelhölzer und Eisenpfannen als Worte sprechen lassen. Der Teufel flüchtete vor der aufgebrachten Meute, schwang sich in die Luft und sprang von der Spitze des Kirchturmes über die Spiegelbrücke zum Westerturm. Dort schaffte er es gerade so, sich an der Spitze festzuhalten, verdrehte dabei aber das ganze Dach des Westerturms. Verschämt verschwand der Teufel auf Nimmerwiedersehen.

Der Teufel hat den Schnaps gemacht. Und den Halberstädter Dom

Der Teufelsstein auf dem Domplatz

Im Jahre 804, nur kurz, nachdem Karl der Große das Bistum Halberstadt ausgerufen hatte, wurde dort der Grundstein für eine neue Domkirche gelegt. Das Gotteshaus sollte schnell erbaut werden, und so rief man viele Bauleute herbei. Allerdings freute sich nicht nur Bischof Hildegrim über den raschen Fortgang der Arbeiten, sondern auch Gegenbischof Urian. Dieser aber – vielleicht, weil er wieder seine Lesebrille verlegt hatte – erkannte nämlich im Grundriss den Bau eines neuen Wirtshauses und lachte sich ins teuflische Fäustchen. Der Teufel ging nachts heimlich auf die Baustelle und ackerte bis zum Sonnenaufgang. Ein paar der Leute wunderten sich zwar über die gefertigte Arbeit, doch die meisten hielten sich für wackere Bauleute, die eben ihr Handwerk verstanden. Niemand ahnte den Grund.

Als der Dom fast vollendet war, besuchte der Teufel die Innenräume einmal bei Tageslicht in Verkleidung. Außerdem hatte der eitle Pfau diesmal offenbar seine Augengläser aufgesetzt – und musste mit Schrecken feststellen, bei was er geholfen hatte. Wütend stampfte er von dannen. Am nächsten Morgen sahen die Bauleute voller Entsetzen den Teufel ohne Verkleidung, aber mit einem riesigen Felsbrocken auf dem Gotteshaus stehen. Der Teufel war außer sich und brüllte, er habe nur geholfen, weil er dachte, man wolle ein schönes Wirtshaus bauen. Da nun seine ganze Arbeit umsonst gewesen sei, wolle er das Gemäuer zerstören. Schon holte er aus und wollte gerade den Fels auf die Kirche schmettern. Ein Handwerker trat hervor und fragte, ob er den Dom stehen ließe, wenn man ihm direkt daneben ein Wirtshaus baue. Der Teufel überlegte kurz, grinste zufrieden und nahm den Vorschlag an. Damit sich jedoch jeder an das gegebene Versprechen erinnere, schleuderte er den riesigen Stein auf den Domplatz, wo er noch heute liegt.

Nichts als Lörke

Dufts Glück und Vasels Langsamkeit

In Lerbach herrschte bei manchen Arbeiten, zum Beispiel beim Mähen, eine Sitte. Dieser schöne, wenn auch etwas besondere Brauch bedeutete, dass immer zwei Kameraden zusammen arbeiteten. Danach würden sie alles Glück und alles Leid des Lebens miteinander teilen. Zwei solcher Kameraden waren Vasel und Duft. Vasel war sehr faul und langsam, Duft war flink und aufgeweckt. Sie mähten eines Tages eine Wiese. Als die Mittagssonne ihnen auf den Kopf brannte, legten sie sich ins duftende Gras und schnarchten bald miteinander um die Wette. Da erschien ihnen eine Jungfrau und winkte sie ein wenig abseits. Die Jungfer deutete auf einen Stein, der an zwei kleinen Rinnsalen lag. Duft stieß Vasel in die Seite, und als auch der erwacht war, sahen beide die Jungfrau. Sie gingen hin, fanden auch prompt den Stein und sollten ihn aufheben. Vasel war so träge, dass er kaum mit anfasste. Als Duft den Stein schließlich alleine hochgewuchtet hatte, stand ein Topf darunter. Darin waren nichts als Lörke. Duft konnte alleine den Stein nicht mehr halten und er fiel ihm auf den Topf. Der zersprang in viele kleine Stücke. Es klang wie lauter Silber, das in die Erde versank. Die Lörke waren lauter silberne Pistoletten gewesen. Wäre Vasel schneller gewesen, hätten beide alles behalten können. So aber hatten sie nichts.

Die Leute spotten ihrer noch heute, denn die zwei kleinen Rinnsale am Ende von Lerbach wurden nach den beiden »Dufts Glück und Vasels Langsamkeit« genannt. Außerdem sagte man in Lerbach, wenn jemand einen Wunsch hatte, der sicher nicht erfüllt werden würde:

»Geh' hin zu Dufts Glück und Vasels Langsamkeit.«

In Goslar ist Kunst des Teufels

Die Sage vom Marktbrunnen

Auf dem Goslarer Marktplatz stand lange Jahre ein Brunnen mit einem bronzenen Becken aus dem dreizehnten Jahrhundert. Der Brunnen war sehr kunstvoll gearbeitet – und weil er seltsame Tiere zeigte, traute seinerzeit niemand einem Menschen zu, diese Arbeit vollbracht zu haben. Der Brunnen musste also ein Werk des Teufels sein. Er habe ursprünglich in dem angeblich von vielen Hexen bevölkerten Ort Gittelde gestanden. Der Teufel brachte ihn schließlich nach Goslar, wo er sich noch heute befindet. Wollte man einst den Teufel beschwören, musste man nur drei Mal gegen das Brunnenbecken schlagen. Aus diesem Grund wird es bis zum heutigen Tag das Teufelsbecken genannt.

Wilder Jäger + Frau Holle + Weiße Jungfrau = Teufelsloch

Die Sagen vom Teufelsloch

Beim Teufelsloch lag eine Wiese, die einem Osteroder Bürger gehörte. Der wollte eines Tages Mist zur Wiese fahren. Als der Fuhrmann ankam, lag aber schon Mist auf der Wiese. Der Fuhrmann freute sich darüber und ließ seinen Mist auf eines seiner anderen Felder fahren, denn dort war er auch nötig. Als der Bürger später Arbeiter zum Mähen hinschickte, war die Wiese schon gemäht, und als er das Heu in Haufen bringen lassen wollte, lag es schon in Haufen. Als man nun aber hinkam und das Heu holen wollte, war es weg. So ging es fünf Jahre lang, bei allen drei Heuernten im Jahr. Der Bürger war es nun überdrüssig und er legte Fallen nahe dem Feld. Kurze Zeit später fing er den wilden Jäger ein, ließ ihn auspeitschen und dann wieder laufen.

In Herzberg kaufte sich der wilde Jäger abends ein paar Semmeln, neckte die Verkäuferin und flog dann über das Teufelsloch nach Osterode.

~ ≈ ~

Auch Frau Holle hielt sich beim Teufelsloch auf. Früher führte der Fußweg von Osterode nach Herzberg dicht am Teufelsloch vorbei. Er war sehr schlecht und sumpfig dazu. Frau Holles launischer Geist hing bis zum Ende des Fußwegs über allen, die dort gingen.

~ ≈ ~

In Osterode gab es zwei Wildwächter. Einer davon hatte seinen Eid gebrochen und sich beim Teufelsloch einen Hirsch erwildert. Seit dieser Zeit verfolgte Frau Holle ihn und ließ ihn nicht in Ruhe, bis er sein Verbrechen selbst anzeigte. Aus seinem Horn war nach der elften Stunde kein Ton mehr herausgekommen. Den anderen beschenkte Frau Holle mit Geld.

~ ≈ ~

Beim Teufelsloch spukten Figuren von menschlicher Größe mit Laternen umher, besonders bei einem windschiefen Baum, der über das Teufelsloch herüberhing. Die Göttinger Botenfrau berichtete – und andere Leute bestätigten –, dass dort um Mitternacht kein Durchkommen war.

~ ≈ ~

In Osterode sagte man den Kindern, dass bei dem Tapphäuschen im Teufelsloch ein Haken hinge. Dort werfe die Hebamme ein Stück Zucker ins Wasser, dann kämen die Kinder geschwommen und würden mit dem Haken herausgezogen.

~ ≈ ~

Große, unförmige Feuerklumpen – wie aus einem umgefallenen Holzkohlengrill, auf den man gerade die Schwenkbraten legen will – stürzten vom Himmel ins Teufelsloch. Oft konnte man auch den Schweif einer schwarzen Schlange aus der Mitte des Teufelspfuhls emporragen, sich in wirren Knoten zusammenziehen und sich dann in menschenunmöglichen Bewegungen wieder auseinander ringeln sehen.

~ ≈ ~

Das Teufelsloch ist sehr tief und war einst eine Grube, die einem Herrn Cludius aus Osterode gehörte. Als diese Grube schon über hundert Jahre verfallen war und die bösen

Geister darin ihr Unwesen trieben, kamen einmal Männer, welche die Tiefe dieses Loches wissen wollten. Kaum waren sie knapp dreißig Meter hinunter, zogen die Bösen einen Kanal auf, der in diese Grube führte. Keiner hatte diesen Kanal jemals oder seitdem gesehen. Die Wassermassen brausten hinein und die ganze Gesellschaft ertrank.

Am Teufelsloch stand ein Schuster aus Herzberg zur Strafe für seine Neugier Wache. Er war den fremden Männern nachgeschlichen, hatte zusehen wollen, wie sie in das Teufelsloch stiegen und keinen Rettungsversuch unternommen.

Als in Osterode noch Militär stationiert war, ging ein Soldat einmal zum Fischen ans Teufelsloch. Er angelte und fing tatsächlich einen recht großen Fisch. Voller Freude packte er den Fisch ein und trug ihn nach Hause. Er war aber kaum vor Osterode, da sprang der Fisch von seinem Buckel, gab dem Soldaten eine Ohrfeige und sagte, er solle ihn sofort wieder zurückbringen, wo er ihn gefangen hätte. Der Soldat weigerte sich so lange wie möglich, doch es nützte alles nichts, und er brachte den Fisch wieder zum Teufelsloch und setzte ihn ins Wasser. Als der Fisch nun wieder im Wasser war, sagte er zu dem Soldaten, weil der ihn aus dem Wasser genommen hätte, solle er in drei Tagen sterben. Der Soldat ging nach Hause und machte sich nichts aus der Drohung des Fischs, wurde am nächsten Tag krank und starb zwei Tage später.

Im Teufelsloch waren mannsgroße Fische, mit einer halben Armlänge Moos bewachsen. Der Spielmann Wolf in Lerbach kannte diese Fische. Er hatte sie einmal mit Pulver aus dem Wasser gesprengt, sodass sie in den umstehenden Tannen gehangen hatten wie schuppige Tannenzapfen mit Gräten. Zwischen Teufelsloch und Papenhöhe war außerdem ein schwarzer Hund zu sehen, der um die Mitternachtsstunde ums Teufelsbad herumging.

Deutsche Markenbutter – ohne Zusatz von Zauber aus Luzifers Griffeln

Die Goslarer Butterhanne

Alle Butterhexen nutzten Zaubersprüche oder vom Teufel erhaltene Hilfsmittel, um ihr Werk erfolgreich zu vollbringen. Für eine mit Blut vollzogene Unterschrift half der Pferdefüßige oder eine seiner Gehilfinnen gerne bei der mühevollen Tätigkeit nach. Die Teufelsbutter war von der echten nicht zu unterscheiden, zumindest so lange man sie nicht mit einem Kreuz berührte, oder sonstwie gegen den Vertrag mit Herr Urian verstieß. Dann nämlich verwandelte sich die Hexenbutter in Pferdemist oder Abfall. Die Goslarer Butterhanne ließ sich zu keiner Zeit auf derart zweifelhaftes Tun ein. Sie butterte bestens und sauber ganz ohne die Hilfe dunkler Kräfte. Am Brusttuch – einem alten Patrizierhaus am Hohen Weg – ist sie nicht nur bei ihrer Arbeit zu sehen, sondern zeigt auch – um Unheil von ihrer Butter abzuwenden – dem Teufel auf der benachbarten Knagge ihr entblößtes Hinterteil.

Samiel hat Acht auf seine Schätze

Der Basilisk auf dem Großen Burgberg

Auf dem Großen Burgberg und in seiner Umgebung zeigte sich früher eine ungeheuer große Schlange. Sie war so lang wie ein Schiffsmast und wurde von einigen die große Otterschlange, von den meisten aber der Basilisk genannt. Manche Menschen meinten, die weiße Jungfer aus dem Schlossbrunnen habe sich in diese Schlange verwandeln können. Andere sagen, die Schlange sei der Teufel gewesen, welcher die Schätze in den unterirdischen Gängen und Höhlen von außen bewacht habe. Obwohl der Basilisk niemandem etwas zuleide tat, jagte er den Menschen große Furcht ein. Oft lag er auf der Burgwiese und rieb seinen Kopf auf dem Boden. Bei einem Waldbrand an der Brandklippe verbrannte der Basilisk und stieß dabei ein furchtbares Geschrei aus. Manche sagten, der Basilisk sei seitdem schon wieder gesehen worden – und einmal war auch ein junger Basilisk erspäht worden. Er sah aus wie eine Puppe.

Gold und Silber lieb' ich sehr, kann's auch gut gebrauchen

Die Sage vom Brutpfennig

Der Brutpfennig – in manchen Harzer Gegenden auch Heckegroschen genannt – sollte der Sage nach erlangt werden können, wenn man sich mit dem Teufel verbündet. Man musste am Heiligabend bei Dämmerung zu einer Weggabelung gehen, die unter dem offenen Himmel lag. Dort sollte man dreißig Pfennige – oder Groschen – zu einem Kreis legen. Danach musste man die Münzen einmal vorwärts und einmal rückwärts zählen, genau dann, wenn im Dorf zur Messe geläutet wurde. Während des Zählens versuchte der Teufel, den Zähler oder die Zählerin zu erschrecken. Gelang es Herrn Urian, und man verhaspelte sich auch nur im Geringsten, wurde einem auf der Stelle der Hals umgedreht. Wurde aber sauber vorwärts und rückwärts gezählt, so warf der Teufel zu den dreißig Stücken das einunddreißigste in gleicher Münze hin. Diese einunddreißigste Münze hatte die Eigenschaft, dass sie sich jede Nacht einmal vermehrte.

Gut gebrüllt, Löwe!

Wie Heinrich der Löwe zu seinem Namen kam

Herzog Heinrich von Braunschweig war beim Kaiser in Ungnade gefallen. Der Herzog wollte den Herrscher mild stimmen, die gegen ihn verhängten Strafen aufheben lassen und zog zur Buße nach Jerusalem. Seine Frau Mathilde musste er zurücklassen. Nach langer Reise mussten Heinrich und seine fünfzehnhundert Mann gegen einen Pascha bestehen, doch des Herzogs Kampfkunst siegte. Der fremde Herrscher bat um sein Leben und als Dank für die gewährte Gnade schenkte er Heinrich einen prächtigen Löwen. Das Tier war Heinrich treu wie ein Hund und folgte seinem neuen Herrn auf Schritt und Tritt. Der Teufel erschien dem Herzog und sagte, dass des

Herzogs Frau morgen einen anderen Mann heiraten werde, da sieben Jahre vergangen seien. Er bot Heinrich an, ihn auf seinem Rücken in einer Nacht nach Braunschweig zu tragen. Als Preis für diesen Dienst verlangte er des Herzogs Seele. Heinrich weigerte sich und wollte schon gar nicht ohne seinen Löwen zurück. Also sagte der Teufel, er werde zuerst Heinrich nach Hause und gleich darauf den Löwen holen. Und obendrein, falls der Teufel Heinrich wach in Braunschweig vorfände, sei ihm die Seele geschenkt. Gesagt, getan!

Es wäre jedoch beinahe um Heinrichs Seele geschehen gewesen, denn hätte der Löwe nicht schon von Weitem vor Wiedersehensfreude auf dem Rücken des Teufels gebrüllt und den Herzog rechtzeitig geweckt, wäre dessen Seele in den Besitz des Teufels übergegangen. Die Hochzeit musste abgesagt werden, und Ehefrau Mathilde freute sich über Heinrichs gesunde Wiederkehr. Als der Herzog 1195 starb, wurde er mit allen Ehren im Braunschweiger Dom beigesetzt. Weil man den Löwen nicht in den Dom lassen konnte, grub das treue Tier vor Trauer seine Krallen tief in die steinernen Kirchenpfosten ein, betrübt, dass es nicht von seinem Herrn Abschied nehmen konnte. Bald darauf starb der Löwe. Man goss ihn in Erz, um sein Andenken zu wahren, und stellte ihn im Braunschweiger Land auf. Auch im Harz ist er zu finden, wo er noch heute im Blankenburger Schlossgarten von sich und seinem Herrn kündet.

Sagen und Legenden von Schlössern und Burgen

Arme Ritter, reiche Ritter, Kindersemmel, Mägdeflug. Wal und Weinfass, Fischer, Silber hat es hier mehr als genug

Kein Gebirge und kein Tal lässt der Liebe eine Wahl

Der Mägdesprung

Auf den hohen Felsen beiderseits der Selke standen einst zwei große Burgen. Ein alter Harzkönig bewohnte eine der Burgen, während in der anderen der edle Ritter Luitpold logierte. Dieser hatte ein Auge auf die Tochter des Harzkönigs geworfen. Die Tochter war dem Sassenritter gewogen, doch der König hatte ihr schon einen Gemahl erwählt. Es sollte ein Nordländer sein, den der König während eines Kriegszugs schätzen gelernt hatte.

Der König pflegte mit dem künftigen Schwiegersohn abends zu würfeln. Dabei gewann der Nordländer vom König im Lauf der Zeit dessen Krone, das Reich sowie alles Hab und Gut. Er blieb trotzdem ein Dienstmann, da sein Sinn nur nach der schönen Prinzessin stand. Doch die hielt sich ihm fern, denn sie mochte ihn nicht leiden, und der Gedanke an eine Heirat mit ihm war ihr zuwider.

Eines Tages kam dem Nordländer Kunde, der Feind sei in sein Land eingefallen. Er müsse sich ihm sofort entgegenstellen. Zum Abschied forderte der Nordländer von dem alten König, dass er ihm nach seiner Rückkehr die Hochzeit mit der Prinzessin richte.

Der König versprach es. Kaum war jedoch der Nordländer aus dem Harz abgezogen, als Luitpold kam, um mit seiner Werbung um die Prinzessin den alten König umzustimmen.

»Wir wollen vereint dem Fremdling die Rückkehr verweisen.«

»Du bist mir ebenso ein Fremder wie er. Ebenso wenig wie die Prinzessin von hier aus herüberspringen kann über das Tal, das unsere Welten trennt, so wenig kann ich mein gegebenes Wort brechen«, wies der König den Sassenritter ab.

Luitpold zog nach des Königs Rede von dannen und wurde von dieser Stunde an im Harz nicht mehr gesehen. Die Prinzessin stand oft am Felsenrand, schaute hinüber zur anderen Burg und sehnte sich nach ihrem Liebsten. Doch den Ritter sah sie nicht mehr. Sie hörte, dass auch er zum Kampf ausgezogen sei, und wurde betrübt in ihrem Herzen. Der König befahl, dass die Königin Linnen und Bett rüste. Neben der Königsburg sollte noch eine weitere Burg für das junge Paar errichtet werden. Der Prinzessin wurde angst und bange. Was sollte sie tun? Sie eilte zum Felsvorsprung, von wo aus man die gegenüberliegende Burg sah. Da stand sie und blickte voll Sehnsucht zur Burg des fernen Geliebten. Als sie so stand, an eine Riesentanne gelehnt, flossen ihr schwermütige Worte über die Lippen.

»Du mächtig Haus und doch zu klein, mich schirmend zu umfangen
Wie wollt' ich ruhig, selig sein, könnt' ich zu dir gelangen.«

Plötzlich rasselte drüben die Zugbrücke herab. Ritter Luitpold trat heraus.

»Ich höre dein Singen, du Liebchen mein, komme
Das Schicksal soll bringen, dich, die ich willkomme.«

Die Prinzessin vergaß die Eltern, als sie des Geliebten Stimme hörte. Sie achtete nicht der Gefahr, befahl ihre Seele den Göttern und sprang über den Abgrund, geradewegs in die Arme des Geliebten hinein. Der ließ die Zugbrücke wieder hochziehen und die Prinzessin war sicher in der Burg. Als der alte König das vernahm, schalt und tobte er. Auch die Königin weinte und klagte. Der Ritter Luitpold hatte seine kühne Geliebte über die

Brücke in sein Reich getragen. Brücke und Burg blieben verschlossen. Dem alten König nützte jedoch alles Schäumen, alle Wut und aller Zorn nicht das Geringste. Eine Weile später erhielt er Kunde, der Nordländer sei im Kampf um sein Land gefallen. Die Königin bat zur Aussöhnung mit der Tochter und dem neuen Ehemann. Und so geschah es. Nach des alten Harzkönigs Tod wurde Sassenritter Luitpold Herrscher über das Reich.

Ihre Kinder und Kindeskinder standen oft an der Burg und wunderten sich über den Sprung ihrer Ahnenmutter. Es hatte sich nämlich ihr Fuß in das felsige Gestein eingedrückt. Auch in unserer Zeit kann man die Fußspur noch sehen. Sie kündet von einer unzertrennlichen Liebe und wird bis auf den heutigen Tag der Mägdesprung genannt.

Der Brunnen speit Verbrecher aus

Die Sage von Rotbart und anderen Kaisern im Burgbrunnen

Der Burgbrunnen auf der Harzburg rauschte laut wie ein Wasserfall. Einige Menschen sagten, als Kaiser Heinrich IV. vor den Sachsen geflohen sei, habe er die Krone in den Burgbrunnen geworfen, und diese befinde sich noch immer darin. Andere sagten, es sei ein Kaisersarg im Brunnen, und wieder andere, ein Kaiser sei in den Brunnen verwünscht worden, und zwar als Strafe für seine Missetaten. Mütter sagten Kindern, sie sollten nicht zum Brunnen gehen, weil Kaiser Rotbart darin säße – dass sich jedoch auch die weiße Jungfer darin befand, wusste in Bad Harzburg jeder.

Es wurde damals der Verbrecher Stanislaus Schöppenstedt in den Brunnen geworfen. Dem hatte die weiße Jungfer das Leben schenken wollen, wenn er glücklich aus einem der Gänge wieder herauskäme, die von dem Brunnen ausgehen. Als nun Schöppenstedt sich im Brunnen befand, gelangte er an eine eiserne Tür. Die Tür öffnete sich wie von selbst und es stand die weiße Jungfer vor ihm. Es sei sein Glück, dass er nicht aus Mutwillen hierher käme, sagte sie. Die Jungfrau führte ihn durch den Gang und gab ihm soviel Geld, wie er sich nur vorstellen konnte. Dann sagte sie, wenn sein Land einmal wieder verarmt wäre, solle er wiederkommen.

Sie gelangten in eine Höhle, in der eine Tafel stand. Kaiser Otto, Kaiser Heinrich und der Kaiser Rotbart, alle saßen an der Tafel. Sie hatten Speisen vor sich stehen, Krüge voller Wein – und in der ganzen Höhle lagen Schätze: Kleinodien und Geschirr, Krüge und Kelche; alles sah aus wie Holz, war aber pures Silber und Gold. Schöppenstedt konnte am so genannten Schöppenstedtergrund den Brunnen wieder verlassen, und zwar an einer geheimen Stelle, die durch einen Stein bedeckt war. Aus diesem Gang soll auch Kaiser Heinrich IV. zu seinen Lebzeiten heimlich aus seiner Burg vor den heranstürmenden Sachsen entwichen sein.

»Mama weg, Semmel weg, Guckloch weg«

Das eingemauerte Kind

An einer Stelle im Gemäuer der Harzburg ist ein Kind eingemauert. Es war ein uneheliches Kind und drei Jahre alt, als seine Mutter es an eine Herzogin verkaufte, die damals auf der Burg wohnte. Als die Rabenmutter das Kind brachte, gab ihr die Herzogin das Geld und sagte, sie solle sich noch einmal gut überlegen, ob sie ihr Kind wirklich verkaufen wolle. Die Mutter griff gleich nach dem Geld und darum verpasste ihr die alte Herzogin eine saftige Maulschelle. Dann hat man das Kind in die Mauer gesetzt, ihm eine Semmel in die Hand gegeben und angefangen zu mauern. Dabei hat das Kind seine Semmel gegessen. Zuletzt ließ man nur noch ein kleines Guckloch. Als man auch das zumauerte, hatte das Kind gerade seine Semmel aufgegessen und sagte:

»Mama weg, Semmel weg, Guckloch weg.«

Tausche Taube auf Dach gegen Spatz in der Hand

Die Sage von der Treseburg und dem Fischer

Am Ufer der Bode stand eine Fischerhütte, dort, wo das Wasser einen weiten Bogen um das Dorf Treseburg macht. Der Fischer war fleißig und strebsam, doch ernährte sich und seine große Familie nur kärglich. Unzufrieden mit seinem Schicksal schaute er oft sehnsuchtsvoll hinauf zum Grünsteinfelsen, um den die Bode den weiten Bogen macht. Dort sah man damals noch die Reste einer großen Ritterburg. Was für ein Leben! Der Fischer wünschte nichts mehr, als der Ritter jener Burg zu sein. Not und Unzufriedenheit würden ein Ende haben. Am Johannistag fischte er wie üblich an seiner Lieblingsstelle. Plötzlich erblickte er am gegenüberliegenden Ufer ein angstvoll hin und her laufendes Männlein. Das Männlein wollte offenbar über die Bode, wagte aber wegen seiner Größe nicht, sie zu durchwaten. Den Fischer packte das Mitleid mit dem Männlein. Er kannte die Furt wie seine Westentasche, watete zum anderen Ufer und holte das Männlein herüber. Es sagte ihm, dass ihm zum Dank drei Wünsche erfüllt würden. Der Fischer rief ohne zu zögern.

»Es soll da oben aus der Ruine die stolze Treseburg auferstehen.«

Das Männlein nickte.

»Nun schließe die Augen.«

Als der Fischer die Augen wieder öffnete, sah er tatsächlich die stolze Treseburg. Steil reckten sich die Mauern empor, überragt von Türmen und Zinnen. Der Fischer konnte den Blick nicht von der Burg zu nehmen. Das Männlein fragte ihn.

»Willst du jetzt noch den zweiten Wunsch aussprechen?«

»Ich wünsche, der Burgherr zu sein.«

»Auch dieser Wunsch sei dir erfüllt«

Wieder befahl es dem Fischer, die Augen zu schließen. Als er sie jetzt wieder öffnete, lag er in einer großen Halle, die mit Waffen und Rüstungen geschmückt war. Auf den Tischen lagen noch mehr Waffen, an denen frisches Blut klebte. Von draußen erklang wilder Lärm. Schwerter klirrten. Schreie. Kampflärm. Der Fischer wollte sich von der

Bank erheben, auf der er lag, als er einen stechenden Schmerz fühlte, und er sah Blut von seinem Arm laufen. Er rief um Hilfe und hoffte auf das Erscheinen des Männleins. Doch stattdessen trat ein Knappe herein.

»Habt Ihr euch erholt, Herr? Wir müssen rasch wieder hinaus, die Gefahr ist groß.«

Ein Krachen und Bersten klang von draußen. Geschrei und Waffengeklirr, so furchtbar, dass dem verwundeten Fischer der Kopf sauste. Der Knappe verschwand. Der Kampflärm kam näher. Die Tür flog auf, und feindliche Scharen stürmten herein. Befehle erklangen, der Ritter wurde geschlagen, getreten und dann ins Burgverlies geworfen. Als er wieder zu Bewusstsein kam, rief er nach dem Männlein. Doch nichts regte sich. Da rief er in seinem Jammer.

»Drei Wünsche sollten mir gewährt sein. Zwei sind in Erfüllung gegangen. Nun bitte ich darum, dass ich wieder heimkehren und Fischer sein kann wie früher.«

Der Schmerz trieb ihn in eine tiefe Ohnmacht. Als er nach vielen Stunden wieder erwachte, fand er sich am Ufer der Bode wieder, genau dort, wo er zu fischen pflegte. Als der Fischer den Blick hob, sah er auf dem Grünsteinfelsen das schaurige Gemäuer der Ruine. Die stolze Treseburg war verschwunden. Nie mehr hat der Fischer sich in seinen Gedanken mit der Ritterzeit beschäftigt. Er hat fleißiger denn je in der Bode gefischt. Wären schon damals so viele Besucher in den Harz gekommen, hätte er ein reicher Mann sein können. Doch er war auch so glücklich, da er seine Familie ernähren und deshalb in Frieden leben konnte.

Herzog von Braunschweig. Hell wie ein Tunnel

Vom Reichtum der Mansfelder

Im Jahre 1487 war der Herzog von Braunschweig zu Gast auf Schloss Mansfeld. An der Tafel protzte der Braunschweiger mit seinem Besitz. Der Mansfelder Schlossherr sagte nur:

»Wir Mansfelder sind recht arme Grafen, doch umso reicher sind einige meiner Untertanen. Wenn ich befehle, einen Wagen randvoll mit Talern hierher zu bringen, so passiert dies. Auch wenn ich einen Gutsherren mit einhundert Pferden auf das Schloss befehle, so wird das geschehen.«

Diese im Scherz gemeinte Übertreibung brachte den Herzog zum Lachen. Der Braunschweiger willigte nur zu gerne in eine Wette mit dem Grafen ein. Wer A sage, müsse auch B sagen. Der Graf schickte einen Boten nach Eisleben. Der Tag war noch nicht vorüber, da fuhr Hüttenherr Christoph Stahl mit einem Wagen voller Taler vor. Kurz darauf ritt Höhlenführer Johann Zörner mit hundert Pferden auf den Schlosshof. Der Herzog staunte Bauklötze und zollte dem Grafen seinen Respekt. Der Graf verzichtete auf die Einforderung des Gewinns. Das trieb den Herzog von Braunschweig innerlich zur Weißglut, mehr als die verlorene Wette. Was bildete sich dieser Pauperist ein? Der Graf lachte innerlich ebenso laut wie seine Angestellten äußerlich, denn alle wussten vom unterirdischen Fahrweg zwischen Eisleben und Schloss Mansfeld.

»Ich bin ein schöner Schwan«, sprach das Ross
Die Legende von Ludwig dem Springer

Der Gründer der Wartburg, Graf Ludwig II. von Thüringen, stand im dringenden Tatverdacht des Mordes an Pfalzgraf Friedrich III. von Sachsen. Obwohl der Vorwurf nicht zweifelsfrei geklärt war, befahl der Kaiser seine Festnahme. Der Gefangene wurde nach Burg Giebichenstein in Halle gebracht, von der es zu Recht hieß:

Wer da kommt nach Giebichenstein,
Der kehrt niemals wieder heim!

Graf Ludwig wurde tatsächlich zum Tode verurteilt. Doch während der langen Gefangenschaft war ihm ein kühner Plan gekommen. Es war in der Tat unmöglich, aus dieser starken Festung zu entkommen. Der Graf täuschte also eine heftige Erkältung vor und verlangte bibbernd vor Frost mehr und mehr warme Kleidung. Die Hinrichtung durfte nicht verhindert werden und so wurde dem Wunsch des Todgeweihten entsprochen. In einem günstigen Augenblick rannte der dick gepolsterte Ludwig an den arglosen Wächtern vorbei und sprang aus einem Burgfenster hinab zur Flussseite. Die Kleidung minderte den Aufprall, der Graf rollte den Hang hinab, landete im weichen Wasser. Ein schneller Ritt auf seinem treuen Hengst Schwan brachte Ludwig nach Sangerhausen. Aus Dankbarkeit für seine glückliche Rettung stiftete der Graf dem heiligen Ulrich eine Kirche. Seit dieser Tat aber hieß er nur noch Ludwig der Springer.

Da bläst er

Der Walknochen im Schloss Wernigerode

Einst sichtete man bei einem gewaltigen Hochwasser einen Walfisch in der Nähe des Schlosses. Die Seeleute warnten den Grafen von Wernigerode, der Wal werde ihn samt Schloss verschlingen. Er müsse zu seinem Schutz ein starkes Seil mit Widerhaken und einem großen Stück Fleisch daran aus dem Schlossfenster werfen. Und tatsächlich, der Wal verschlang den Köder. Man zog das Tier herauf und es musste am Mauerwerk verhungern. Auch das Wasser verschwand wieder. Der Walknochen soll als Wahrzeichen bis ans Ende aller Tage im Wernigeroder Schloss zu finden sein.

»Hol' mir mal'n Fässchen Wein, sonst stelle ich das Herrschen ein.«

Das große Weinfass im Jagdschloss Spiegelsberg

Bischof Heinrich Julius von Halberstadt, Herzog zu Braunschweig und Lüneburg und Fürst von Braunschweig-Wölfenbüttel, saß mit einem befreundeten Bischof bei einem Glas Wein auf Schloss Gröningen. Die Geistlichen kamen auf die Redlichkeit ihrer

Diener zu sprechen und der fremde Bischof sprach diese allen kategorisch ab. Heinrich Julius allerdings schwor auf die Ehrlichkeit seines Schäfers Konrad. Es wurde eine Wette abgeschlossen. Die Bischöfe hatten kurz zuvor über das berühmte Tübinger Riesenweinfass gesprochen, also sollte der Wetteinsatz der Bau eines noch größeren Weinfasses sein, das der Verlierer dem Gewinner zu stiften hatte.

Bischof Heinrich Julius hatte in seiner Schafherde einen zahmen Widder namens Harm. Dieses Tier war dem Halberstädter Bischof sehr lieb. Das wusste auch der fremde Bischof und setzte seinen Diener auf Konrad an. Der treue Konrad wollte heiraten, doch seine Verlobte wollte erst ihr Jawort geben, wenn Konrad etwas gespart und ein Häuschen für die junge Familie habe. Das fand der fremde Diener gleich heraus, ging zu Konrad und sprach, wenn der ihm den Widder Harm verkaufe, habe er mehr als genug Geld für ein Haus. Falls sein Bischof nach Harm frage, solle er sagen, er sei entlaufen oder gestohlen worden. Der ehrliche Schäfer wollte sich nicht auf dieses Geschäft einlassen. Aber als seine Verlobte ihn der Dummheit bezichtigte, nachdem Konrad ihr am Abend davon erzählt hatte, war es um seine Standhaftigkeit geschehen. Am nächsten Morgen gab er dem fremden Diener den geliebten Widder des Bischofs.

Am selben Tag saßen die beiden Bischöfe zu Tisch und die Schafherde zog vorbei. Der Bischof rief nach seinem Herzenswidder, aber kein Harm kam auf sein Rufen herbei. Heinrich Julius wurde misstrauisch und fragte Konrad, was geschehen sei. Währenddessen freuten sich der fremde Bischof und sein Diener, weil sie die Wette für gewonnen hielten. Der Schäfer aber, der seine Tat bitter bereute, beichtete seinem Herrn alles. Der Halberstädter Bischof hatte nun die Wette gewonnen, erhielt seinen lieben Widder zurück, das Riesenweinfass obenauf dazu, und der gutmütige Konrad reichlich Geld für Haus und Hochzeit. Als das baufällige Schloss Gröningen 1817 abgerissen wurde, brachte man das Weinfass ins Jagdschloss Spiegelsberg, wo es noch heute zu sehen ist; es steht sogar im Guinessbuch der Rekorde.

»Beim Jupiter, die Harzer sind ja noch schlimmer als diese Gallier!«

Die Römerschlacht am Harzhorn

Wissenschaftler nennen die folgende Begebenheit das Harzhornereignis. Es ereigneten sich ziemlich sicher mehrere Schlachten. Man wird in Zukunft vermutlich viele neue Erkenntnisse gewinnen, denn die Angelegenheit ist Bestandteil heutiger Forschungen.

Wir befinden uns im Jahr 235 nach Christus. Die Römer hatten große Teile Afrikas und Asiens sowie fast ganz Europa erobert. Ganz Europa? Nein. Ein von unbeugsamen Harzbewohnern bevölkertes Dorf hörte nicht auf, dem Eindringling Widerstand zu leisten. Das Leben war nicht leicht für die römischen Legionäre, die aus allen Himmelsrichtungen anmarschiert kamen und aus ihren befestigten Lagern in den Harz vorrückten. Doch anstelle auf »Los« zu landen, gerieten sie an kampfesbereite Einwohner, die sie schlimmer vertrimmten als Obelix nach einer Kelle Zaubertrank. Die Römer suchten das Weite, denn hier war nichts zu gewinnen.

Mitgefangen, mitgehangen, und mit untergegangen

Die Sage von Silberhohl

Vor langer Zeit stand die Vorgängerin der Sehusaburg dort, wo sich heute das so genannte Silberhohl befindet. In dieser Burg trieben Raubritter, Verbrecher und andere wüste Gesellen ihr Unwesen. Sie waren eine Plage für das ganze Land. Einziger Lichtstrahl unter diesem Gesindel war die Tochter eines Raubritters, Jutta von Pedel. Sie half, wo sie nur konnte, vor allem, das den Armen durch die Verbrecher zugefügte Unrecht wiedergutzumachen. Nach einem besonders wilden Gelage der Unholde gab es mit einem Mal einen gewaltigen Lärm, es krachte und donnerte. Der Boden erzitterte und die gesamte Burg versank mit allen geraubten Schätzen und mit allen schrecklichen Bewohnern in der Erde. Doch auch die gute Jutta hatte ihr frühes Ende finden müssen.

Am nächsten Morgen war an der Stelle ein neuer See entstanden, mit klarem, reinem Wasser und lustig planschenden Fischen darin. Jutta aber musste seitdem als weiße, von einem Schleier verhüllte Frau in der Johannisnacht umherirren, so, als suche sie die Burg, ihre alte Heimat. Noch heute hilft sie den Armen und Kranken und allen, die in besonderer Not sind. So bringt sie den Müden Erholung bringenden Schlaf, den Kranken wohltuende Linderung, und sorgt dafür, dass kein Kind mehr hungrig zu Bett gehen muss.

Sagen und Legenden von Bergen und Zwergen

Von fliegenden Rössern und flüsternden Büschen

Bodos Platzverweis nach Schwalbe

Die Roßtrappe

Vor langer Zeit, ehe Menschen die Landschaft besiedelten und kultivierten, wohnten im Harz ganze Scharen von Riesen. Die Riesen soffen ganze Teiche leer und rissen achtzigjährige Eichen aus dem Boden wie Unkraut. Es waren raue Gesellen.

Ein Riesenkönig hatte eine Tochter, die schöne Brunhilde. Der König liebte seine Tochter über alles, und wie ihr Vater ging Brunhilde für ihr Leben gerne auf die Jagd. Eines Tages zog sie mit ihrem Riesenross auf einer Fährte in die Gefilde des mächtigen Riesen Bodo. Der Riese Bodo lebte im Böhmerwald und war ein gefürchteter Herrscher. Er begehrte Brunhilde wegen ihrer außergewöhnlichen Schönheit. Doch die Riesin und ihr Vater lehnten eine Hochzeit ab. Bodo war tief gekränkt und sann von diesem Moment an auf Rache. Es dauerte nicht lange und Bodo erspähte die schöne Riesin auf ihrem weißen Pferd durch den Wald jagen. Er schwang sich auf sein eigenes Ross. Es war ein schwarzer, mächtiger Hengst, der weite Schluchten übersprang wie schmale Rinnsale. Brunhilde bemerkte erschrocken den ungeliebten Verfolger und setzte voller Angst zur Flucht an. Die wilde Hatz ging durch den Thüringer Wald, in gestrecktem Galopp über Stock und Stein, direkt auf das Harzgebirge zu. Plötzlich scheute Brunhildes treues, aber von der Verfolgungsjagd gegen den stärkeren Hengst müdes Pferd vor einem gewaltigen Abgrund. Es war genau an der Stelle, die man heute den Hexentanzplatz nennt.

Brunhilde war in die Enge gedrängt. Blitzschnell überlegte sie, ob noch Zeit zur Umkehr sei. Zu spät! Das donnernde Getrampel von Bodos Riesenross kündigte dessen rasches Nahen an. Mutig zog Brunhilde dem wilden Verfolger entgegen, bis sich ihre Augen trafen. Dann wendete sie ihren treuen Zelter, drückte ihm die Sporen in die Weichen und hetzte auf den Abgrund zu. Hinter ihr lachte der siegessichere Bodo. Brunhildes Pferd rannte was es konnte. Doch hinter ihr kam der Riesenkönig immer näher, und vor ihr wartete die todbringende Schlucht. Brunhilde verlor ihre zentnerschwere Krone. Ihr treues Ross tat von der Last befreit drei letzte Sätze Anlauf und sprang über den furchtbaren Abgrund. Das Wasser toste im tiefen Tal. Ein herrlicher Anblick für den Wanderer, doch ganz und gar tödlich für jeden Fallenden.

Aber Brunhilde landete glücklich auf dem gegenüberliegenden Felsvorsprung. Tief grub sich der Huf des starken Pferds in den Stein hinein. Der nachsetzende Bodo zögerte einen Augenblick und stürzte samt Pferd in die Tiefe. An der tiefsten Stelle des Flusses bewacht er, in einen schwarzen Hund verwandelt, noch heute die goldene Krone der Riesentochter. Das Wasser nennt man seitdem die Bode.

Ein Königreich für ein Schweigen

Die silbernen Tannenzapfen und weitere Sagen von Zwergkönig Hübich und den Zwergen vom Hübichenstein

Der Hübichenstein ist ein großer Fels nahe Bad Grund. Im Hübichenstein wohnten Zwerge. Manche von ihnen verdingten sich in Bad Grund gelegentlich als Kindermädchen. Ihr König war Hübich – manche nannten ihn auch Hibich –, ein alter Mann mit rauem Haar wie ein Bär und einem runzligen Gesicht. Er war von kleiner Statur, hatte einen eisgrauen Bart, der ihm bis auf die Brust ging und ihm Zauberkraft verlieh. In der Hand hielt er stets ein silbernes Grubenlicht, das so hell leuchtete wie die Sonne, und auf dem Kopf trug er eine goldene Krone. Wenn er auch klein gewesen sein mag, konnte er sich doch enorm ausstrecken, wenn er es wollte. Im Gegensatz zu heute durfte er früher alle fünfhundert Jahre einmal in die Oberwelt kommen. Zwergkönig Hübich beschützte die Waldungen rings herum und spielte den Leuten, die in der Waldung Schaden anrichteten, oft und gerne Streiche. Er war aber auch wohltätig für arme und hilflose Menschen, die in den Wald kamen und ihm treuherzig ihre Not klagten.

So ging einst eine Bergmannsfrau aus Bad Grund in den Wald. Ihr Mann hatte schon lange krank gelegen. Sie wollte Tannenzapfen suchen und dafür sollte der Bäcker ihr Brot geben. Als sie im Wald war, kam der alte Hübich und fragte, was sie hier suche. Sie erzählte ihm von ihrer Not. Der Zwergkönig gab ihr ein Kraut und sagte, davon würde ihr Mann genesen. Dann nannte er ihr eine Stelle im Tannenwald, an der sie Tannenzapfen finden würde. Dahin begab sich die Bergmannsfrau, fand aber anfangs keine. Da fielen plötzlich von den Bäumen lauter Tannenzapfen hernieder. Die Frau aber wurde nicht ein einziges Mal getroffen. Alle Zapfen flogen an ihrem Kopf vorbei direkt in ihre Kiepe hinein. Das war das Werk der Zwerge, wie es ihr Zwergkönig ihnen befohlen hatte. Als die Kiepe voll war und die Frau sie aufhob, fühlte sie sich deutlich schwerer an, als sonst eine Kiepe voller Tannenzapfen wäre. Auf dem Rückweg begegnete ihr Zwergkönig Hübich und fragte, ob sie Tannenzapfen gefunden habe. Da sagte sie Ja und bedankte sich. Der alte Hübich fügte auch hinzu, es seien silberne Tannenzapfen. Sie solle so viel nehmen, dass sie mit ihrem Mann und ihren Kindern in Frieden leben könne. Von dem übrigen Silber solle sie die Kirche in Bad Grund neu bauen lassen. Er erinnerte sie daran, das Kraut nicht zu vergessen, welches er ihr für ihren Mann gegeben hatte. Als die Frau zu Hause ankam, waren die Tannenzapfen zu gediegenem Silber geworden, in derselben besten Qualität, von der früher die alten Harzgulden geprägt wurden. Damals hatten Gold und Silber noch einen viel höheren Wert als heute. Von dem Silber, das die Frau in ihrer Kiepe getragen hatte, wurde die Kirche in Bad Grund gebaut. Von dem, was sie für sich behielt, kamen noch weitere große Reichtümer in die Familie des Bergmanns. Der nämlich war von dem Kraut, das der alte Hübich seiner Frau im Wald gegeben hatte, so gesund und munter geworden wie ein Fisch im Wasser.

Als es im Harz noch Riesen gab, drückte einen der Riesen ein kleiner Stein im Schuh. Der Riese zog den Schuh aus und warf den drückenden Stein dorthin, wo er heute noch als Hübichenstein steht.

~ ~ ~

Im Försterhaus Bad Grund wohnte früher ein Förster. Dessen Frau war frühzeitig gestorben und er hatte nur noch einen einzigen Sohn, den er über alles liebte. Der Junge war gut und brav, doch recht vorwitzig, und das hätte ihm beinahe das Leben gekostet. Als er einmal mit guten Freunden am Hübichenstein vorüberging, da kam das Gespräch auch auf diesen Felsen. Am Hübichenstein sollten viele Zwerge wohnen. Ihr König war Hübich, ein freundliches Männchen mit einem eisgrauen Bart, der ihm bis auf die Brust ging. In der Hand trug er ein silbernes Grubenlicht, das so hell schien wie die Sonne, und sein Haupt bedeckte eine goldene Krone. Eines Bergmanns Sohn, der die Legenden um Hübich gut kannte, meinte, da hinauf käme gewiss keiner von ihnen.

»Oho«, widersprach der Förstersohn, »ich werde euch zeigen, dass ich hinauf komme.«

»Hinauf ja, aber nicht herunter. Tu' es nicht«, riet ein anderer ab, »denn keiner von denen, die bis jetzt heraufgestiegen sind, ist wieder heruntergekommen, zerschmettert lag ein jeder am nächsten Tage unten.«

»Das erzählt man«, erwiderte der Förstersohn, »ich werde euch zeigen, wie man auf den Hübichenstein hinauf und herunter kommt.«

Der Förstersohn klettert auf den Fels und tanzte eine Weile. Der Bergmannsohn bat ihn, er möge nun wieder herunterklettern. Das wollte der Förstersohn auch, aber als er herabsteigen wollte, konnte er nicht fort von dem Platz oben auf dem Felsen, wie sehr er sich auch mühte. Der alte Hübich hatte ihn zur Strafe dort festgebannt. Der Förstersohn klagte und sagte, der Bergmannsohn solle bitte zum Forsthaus gehen und seinem Vater mitteilen, dass er oben auf dem Hübichenstein sitze und nicht herunter könne. Der alte Förster kam herbei, mit seiner Flinte, schalt seinen Sohn für dessen jugendlichen Leichtsinn, und wollte dann dem Leid des Sohnes ein Ende bereiten, in dem er ihn vom Hübichenstein herunter schösse. Als er auf seinen Sohn zielte, kam der alte Hübich und riet dem Förster von solch törichtem Tun ab. Vom Felsen herunter bat der Förstersohn, sein Vater möge nur losdrücken und seinem Leid ein Ende bereiten. Der Förster legte von neuem das Gewehr an, zielte kurz, und im Augenblick, da er abziehen wollte, entstand plötzlich um den Hübichenstein ein furchtbares Donnern und Blitzen. Ein satter Regenguss lief dem Förster ins Gewehr, sodass dieses nicht losging. Später, als der Förster frisch geladen hatte und erneut losschießen wollte, waren sogleich die Zwerge mit kleinen Ruten und Stöcken bei der Hand. Sie schlugen ihm auf die Finger und lenkten ihn ab mit Tannenreisern vor dem Gesicht, sodass er nicht schießen konnte. Sie ließen nicht nach, obgleich er immerfort rief:

»Männer, geht mir aus dem Weg! Mein Sohn soll doch oben nicht verhungern.«

Doch die Zwerge ließen nicht ab. Die Nacht brach herein und der Förster war nicht zum Schuss gekommen. Er ging nach Hause mit dem Vorsatz, am anderen Morgen in aller Herrgottsfrühe wiederzukommen, wenn die Zwerge noch schliefen, und seinen Sohn herunterzuschießen. Auch der Bergmannsohn und andere Leute aus Bad Grund, welche im Lauf des Tages dazugekommen waren, gingen mit dem Förster nach Hause. Ganz zuletzt ging auch der Bergmannsohn heim, weil sein guter Freund ihn bat, er möge sich Ruhe gönnen, um am anderen Morgen so früh wie möglich wieder in seiner Nähe zu sein und sich etwas einfallen zu lassen, wie man ihn retten könne.

Kaum war der Bergmannsohn fort, kamen auch schon die Zwerge an. Alle trugen Bergmannskleidung und jeder hatte ein Grubenlicht. Außerdem hatten sie viele kleine, kunstvoll geschnitzte Leitern dabei. Sie setzten eine auf die andere und hielten sie zusammen, als wären sie aus einem Guss. Als nun die große Leiter aufgerichtet war und bis an die Spitze des Hübichensteins reichte, stand auch schon auf jeder Seite ein Zwerg mit seinem Grubenlicht und leuchtete. Der Förstersohn setzte sich dem Zwerg, der auf der obersten Stufe stand, auf die Schultern. Plötzlich war die Leiter so breit, dass der Zwerg ihn an all den anderen Zwergen, die da mit ihren Grubenlichtern standen und leuchteten, sanft und sicher nach unten tragen konnte.

Als der Förstersohn vom Hübichenstein herunter war, waren alle Lichter verschwunden. Die Zwerge waren ebenfalls fort, auch jener, der ihn getragen hatte. Es kam der alte Hübich wieder, nahm ihn bei der Hand und sagte, da er so lange oben auf dem Hübichenstein gewesen sei und so große Angst ausgestanden habe, solle er nun mit in des Zwergkönigs Schloss kommen. Man lasse es sich nicht nehmen, ihn ordentlich zu bewirten. Also ging der Förstersohn mit dem Zwergkönig durch ein großes Tor in den Berg hinein. Hübich führte ihn in einen großen Saal, in dem Stühle und eine große Tafel standen, und hieß ihm, sich einen Platz auszusuchen. Die Wände des Saals blitzten mit reinstem Eisenerz, die Decke bestand aus einem Stück Schwerspat, glänzend wie Schnee. Ein großer Kronleuchter hing herab, ganz aus Kristallen und Edelsteinen, größer, als von jedem Menschenauge je gesehen. Der Fußboden war mit duftenden grünen Tannenzweigen bestreut und darunter glänzten Paneele aus Gold und Edelstein.

Der Zwergkönig setzte sich auf einen silbernen Stuhl, schlug mit einem silbernen Fäustel sanft auf den Tisch aus Glaskopf. Der gab einen Ton von sich, so süß, wie man es auf der ganzen Welt nicht hören kann. Es kamen tausend kleine Frauen herein und trugen Erdbeeren und Himbeeren auf. Der Hübich sagte zu dem Förstersohn, er solle davon nehmen. Beide unterhielten sich während des Essens und die Frauen machten Musik dazu. Als die Mahlzeit zu Ende war, schlug Hübich wieder mit dem Fäustel an den Tisch von Glaskopf, und als der süße Ton wieder erklang, trugen die kleinen Frauen silberne Krüge herein. Hübich sagte zu dem Förstersohn, er solle gerne davon trinken. Der sagte: Glück auf, und nahm einen großen Schluck und dann gleich noch einen, denn so etwas Herrliches hatte er im Leben noch nicht getrunken. Danach führte Hübich ihn in ein großes Gemach. Auf der einen Seite waren die Wände aus Silber, auf der anderen aus Gold. Hübich rief plötzlich laut:

»Silber!«

Und dann:

»Gold!«

Jedes Mal durfte der Förstersohn von den Wänden nehmen, so viel er konnte. Hübich rief so oft, bis der Förstersohn seine Taschen mit unermesslichen Reichtümern gefüllt hatte. Dann bat Hübich den Förstersohn um einen Gefallen.

»Solange der große Hübichenstein besteht, hab' ich mein Recht daran und darf auch auf der Erde umgehen. Wenn aber der große Hübichenstein zum kleinen wird, kostet es mich die Krone, und dann darf ich bloß unter der Erde herrschen. Die Leute aus Bad Grund schießen nach Raben und Falken oben auf dem Hübichenstein und das mag ich gar nicht leiden; denn trifft es den Stein und es bröckelt etwas ab, ist mein Reich am Ende.«

Der Förstersohn versprach und gab ihm die Hand darauf, dass weder sein Vater, noch er selbst noch ein anderer, solange er lebe, jemals wieder auf den Stein schießen solle. Als das geschehen war, führte ihn der Hübich in ein anderes Zimmer. Dort stand ein Bett aus weichem, duftendem Moos. Hübich sagte, er wolle seinen Gast morgen zeitig wecken und wünschte ihm gute Nacht. Der Förstersohn hatte noch nicht lange geschlafen, als er wach wurde. Er schlug die Augen auf und es graute bereits der Morgen. Er lag unten am Hübichenstein unter einem Busch, auf weichem Moos. Alles Silber und Gold, das Hübich ihm gegeben hatte, lag neben ihm.

Der Förstersohn berichtete alles dem Bürgermeister. Den Armen ließ er von seinem Reichtum zukommen, dass niemand in Bad Grund darben musste. Der Bürgermeister erließ ein Gesetz, dass keiner auf den Hübichenstein steigen und niemand mehr nach Falken und Raben schießen dürfe. Und solange der große Hübichenstein unversehrt blieb, hatte Hübich sein Reich. Er tat viel Gutes, bestrafte die Bösen, und viele hatten ihn noch gesehen, nachdem er den Försterssohn gerettet hatte. Doch im Dreißigjährigen Krieg haben die Kaiserlichen die Spitze des großen Hübichensteins aus Mutwillen heruntergeschossen. Von der Zeit an hat kein Mensch mehr den Hübich gesehen.

~ ~ ~

In einer ganz bestimmten Mühle speisten die Zwerge jede Nacht. Der Müller musste deshalb jeden Abend mit seiner Familie dort ausziehen. Eines Abends kam ein alter Soldat und bat den Müller, ihm für die Nacht in seiner Mühle ein Quartier zu geben. Der Müller erklärte ihm die Sache und sagte, wenn er sich vor den Zwergen nicht fürchtete, könne er bleiben.

»Ach«, sagte der, »ein alter Soldat darf sich nicht fürchten.«

Er stopfte sich eine Pfeife und setzte sich hinter den Ofen, während der Müller mit seiner Familie wie üblich fort ging. Gegen zwölf Uhr nachts erschien eine ganze Horde Zwerge. Sie deckten den Tisch mit goldenem und silbernem Geschirr, worin sogleich von selbst Speise war. Als dies geschehen war, kamen sechs Zwerge mit König Hübich in einer mit Gold und Silber geschmückten Sänfte und setzten ihn am Kopf der Tafel auf einen hohen Sessel. Kaum hatte der König gesessen, schrie er:

»Hier riecht es nach Tabak!«

Die kleinen Zwergmännchen schnüffelten den Soldaten auf, sprangen mit goldenen Gabeln und Messern auf ihn zu und wollten ihn ermorden. Das Kämpfen aber verstand der Soldat von Berufs wegen viel besser. Er nahm seinen Stock und schlug die ganzen Zwerge in die Flucht. Hübich aber, den die Männchen sitzengelassen hatten, verschwand von selbst. Der alte Soldat strich das Gold- und Silbergeschirr ein, legte es in die kostbare Sänfte, zog damit zum Markt, verkaufte das Geschirr, versteigerte die Sänfte und erhielt so einen großen Gewinn, dass er sorglos leben konnte. Etwas von dem seltenen Geschirr hatte er behalten. Sobald er es sich nur wünschte, waren darin die kostbarsten und leckersten Speisen.

Am nächsten Abend saß der Soldat wieder in der Mühle. Auch der Müller war dageblieben. Als es wieder gegen zwölf Uhr ging, klopfte etwas dreimal an das Fenster und fragte:

»Müller, hast du deine böse Katze noch?«

»Ja, sie jungt alle Nächte ihrer zwölf«, rief der alte Soldat spöttisch. Die Zwerge riefen:

»Dann mag dich der Teufel holen.«

Seitdem sind die Zwerge nicht wiedergekommen. Der alte Soldat wohnte nun beim Müller in Ruhe und Frieden, und jeden Tag aß man aus dem Zwergengeschirr sein Lieblingsessen.

Ausgetrieben ist die Flause einer kleinen Pinkelpause

Die Zwerge im Ehrenberg

Die Zwerge im Ehrenberg lebten in gutem Einvernehmen mit den Menschen. Sie hatten Zinn, Silber, feines Porzellan, man konnte von ihnen borgen, was der beste Bürger in Harzgerode nicht hatte. Sie waren außerdem sehr dienstwillig: Hatte man sich etwas geliehen, brachte man ihre Sachen einfach vor den Eingang ihrer Höhle zurück.

Einst wurden die Zwerge jedoch betrogen. Ein Mann namens Bode erleichterte sich in die Suppenschüssel, die er von einer Hochzeit wieder zurück brachte, deckte es zu, stellte es vor den Eingang der Höhle und schlich von dannen. Nun wollten die Leute, die damals Hochzeit gehalten hatten, auch Kindtaufe halten. Sie erhielten wieder das Geschirr geborgt. Als sie aber das Kind zur Taufe brachten, war es vertauscht worden. Ein Zwerg lachte ihnen entgegen, sprang in die Höhe und war verschwunden.

Eierschalenbraukessel, Erbsenfreunde, Kümmelfeinde

Die Sagen der Zwerge vom Sachsenstein

Wie noch heute die vielen Zwerglöcher zeigen, wohnten im Sachsenstein einst viele Zwerge. Die Menschen fürchteten sich vor ihnen, denn die Zwerge waren sehr munter, umtriebig – und außerdem war immer forsche Musik vom Sachsenstein zu hören. Besonders die Frauen scheuten sich vorbeizugehen, denn einmal hatten die Zwerge eine Frau ergriffen und lange gefangen gehalten. Kein Erbsenfeld ringsumher war vor ihnen sicher. Man hörte sie oft darin schmatzen, ohne dass man sie sah, denn sie trugen stets ihre Nebelkappen. Wenn die Zwerge unter sich Hochzeiten hielten und Kindtaufen feierten, gab es immer Reisbrei dazu, und es ging sehr lustig im Sachsenstein her. Die Zwerge gingen auch auswärts zu den Leuten auf Kindtaufen und Hochzeiten. Einmal waren sie auf der Kindtaufe beim alten Gödeke in Bräunrode, alle in Tarnkappen, und putzen alle Schüsseln leer. Der alte Gödeke aber braute Bier in einer Eierschale, und deshalb mussten sie sprechen:

So bin ich doch alt wie der Döringerwald
Doch habe noch nicht geschaut, wie man in Eierschale braut.

~ ~ ~

Bei einer Hochzeit in Bräunrode fanden sie in einem schönen Saal die Tafel reichlich gedeckt und setzten sich lustig dazu, zogen aber kleinmütig wieder ab, als sie merkten, dass Kümmel im Brot war.

~ ~ ~

Einst hütete ein Schäfer in der Nähe des Sachsensteins, als er die Musik hörte. Er räumte ein wenig vor den Zwerglöchern auf. Dann sah er Zwerge und Zwergmusikanten. Er wurde eingeladen, feierte eine Weile unbeschwert mit und verließ unversehrt den Sachsenstein.

~ ~ ~

Ein anderes Mal brachen Maurer Steine vor dem Sachsenstein. Abends kamen Zwerge, die ihre Kappen in der Hand hielten, sodass die Maurer sie sehen konnten. Die Zwerge sagten freundlich, die Maurer könnten jetzt nach Hause gehen, ihr Werkzeug da lassen und ihnen morgen Brot mitbringen, dann solle die Arbeit schon getan sein. Das taten die Maurer auch. Sie kamen am andern Morgen wieder, legten das Brot vor den Sachsenstein, nahmen ihr Werkzeug, und beluden ihren Wagen randvoll mit den sauber herausgehauenen Steinen.

~ ~ ~

Aber nicht immer waren die Zwerge vom Sachsenstein so hilfreich und gut zu den Menschen. So stahlen sie ihnen Kinder und schoben ihre Wechselbälge unter.

Sie brachen in die Bäckereien in Bad Sachsa und Walkenried ein und stahlen Brot. Da riet ein Mädchen den Leuten, dass sie Kümmel ins Brot backen sollten. Das konnten die Zwerge nicht vertragen. Sie wurden krank davon und nahmen zur Strafe das Mädchen gefangen, als es beim nächsten Mal am Sachsenstein vorbeiging, und misshandelten es gar sehr.

Von jener Zeit an wurde kein Brot mehr ohne Kümmel gebacken. Nur wenige Zwerge, Kümmelzwerge genannt, focht das nicht an. Denen gaben die Leute das Brot gerne. Die anderen aber versammelten sich vor dem Rathaus in Bad Sachsa zum Abmarsch und als sie abgezogen waren, klang der Sachsenstein, als wenn ein großer Goldkessel drin wäre. Die Zwerge zogen mit Musik und Gesang durch Bad Sachsa – es herrschte ein großes Umtreiben und große Freude darüber, dass sie fortzogen. Vor dem Rathaus riefen die Zwerge, als sie über ihren Abzug unterhandelten:

»Wollt ihr ein ewiges Bergwerk oder von jedem von uns einen Pfennig?«

Die Leute wollten einen Pfennig. Es wurde ein Scheffel auf den Marktplatz gestellt, und jeder Zwerg warf seinen Pfennig hinein, dass der Scheffel randvoll wurde. Es waren so viele Zwerge, dass man die letzten noch bei den Zwerglöchern vor dem Sachsenstein murmeln hörte, als die ersten schon in Steina waren.

Die Zwerge zogen nordwärts. Als sie zu den Zwergen nach Scharzfeld kamen, gingen sie mit ihnen in die Erbsenfelder. Darin fraßen sie wie Mäuse, aber kein Mensch konnte sie sehen. Da nahm ein Bauer eine Bohnenstange und fuhr damit immer über den Erbsen herum. Dadurch schlug er ihnen die Kappen vom Kopf und sammelte diese ein. So wurden die Zwerge sichtbar. Als der Bauer aber die Zwergkappen nicht wieder herausgeben wollte, erklärten sie ihm und den andern Scharzfeldern den Krieg. Der Bauer bekam Angst und gab die Kappen zurück. Darauf zogen die Sachsensteiner Zwerge weiter und die Scharzfelder Zwerge begleiteten sie. Als sie durch Osterode kamen, speisten sie an der Wirtstafel und schnatterten dabei wie die Gänse.

Nix mit Glücklichsein

Römerstein und Nüxei

So, wie Herr Urian die Teufelsmauer am Nordrand des Harzes als Grenze seines Reichs errichtet hatte, bevor er sie zerschmetterte, lag an der Südseite der Römerstein. Von fruchtbaren Äckern und Wiesen umgeben und von frischem Laubwald flankiert, stieg der Berg empor, auf dessen Rücken sich zackige Felsen wie Ruinen einer Burg erhoben. Auf dem Römerstein wohnten gewaltige Riesen.

Gegenüber im blanken Alabaster des Sachsensteins residierten Zwerge mit ihrem König. Vor eben diesen kleinen Zwergen befanden sich die Riesen in ständiger Furcht. Sie türmten die Felsburg auf, um vor dem Zwergkönig sicher zu sein. Des Zwergkönigs Haar war weiß wie sein langer Bart, wie das Gestein rings umher, und auf seinem Scheitel saß eine glänzende Kristallkrone.

Ein Jüngling, Romar geheißen, zog einst durch den Wald und fand unter einem Baum schlafend eine wunderschöne Jungfrau namens Ruma. Ihre Herzen entbrannten füreinander, doch beide mussten entdecken, dass er ein Hünenkind und sie die Tochter des Zwergkönigs war. Ihre innige Liebe verscheuchte alle Bedenken. Für viele Jahre lebten beide in einem glücklichen, wenn auch heimlichen Bund.

Eines Tages überraschte der Zwergkönig sie bei ihrer Umarmung. Wutentbrannt schleppte er seine Tochter in die tiefste Berghöhle und schmetterte sie an einen zackigen Felsen. Der Jüngling aber wurde von einer Schar Zwerge halbtot geschlagen, ehe er mit viel Glück entkommen konnte. Die unglückliche Ruma wurde von boshaften Kobolden bewacht und versuchte jeden Tag auf eine andere Art, den unbarmherzigen Kerkermeistern zu entkommen. So verwandelte sie sich in eine Wassernixe, suchte als Quelle einen Ausweg ans Tageslicht, in die Freiheit und zu ihrem geliebten Gatten zu kommen, doch jedes Mal drängte sie der grausame Vater zurück in die Tiefe.

Endlich gelang es Ruma nach vielen schweren Jahren, als vollendeter Strom aus ihrem Gefängnis auszubrechen. Die Höhle, in der die trauernde Frau so lange eingekerkert ihre Tränen vergossen hatte, heißt der Garten des Weinens – das Weingartenloch. Dort zeichnen tiefe Erdfälle und das schauerliche Rauschen unterirdischer Bäche den Weg der süßen Nixe, bis an der Grenze des Gipsfelsens schließlich ein Strom hervorbricht, zum Andenken der Verbannten Rume geheißen.

Der Zwergkönig war bei bestimmten Zusammenstellungen der Gestirne seiner großen Macht beraubt. Sodann erschien der Spiegel des Nixteiches in der Nähe des Römersteins, verschwand jedoch ebenso schnell, wenn die Himmelskörper weitergezogen waren und der Zwergkönig zurückkehrte. Die Stelle, an der Romar die Nixe Ruma zuerst sah, heißt heute noch Nüxei – früher auch Nixei, Nytzenhain und Nichsehe. Der Fels, auf welchem Romar sein Leben betrauerte, wurde Römerstein genannt.

Auf dem Römerstein war eine Jungfer zu sehen, die sich im Sonnenschein das Haar kämmte. Dabei fielen ihr goldene Perlen vom Kopf herunter. Ein Hirte sah sie oft hinter einem Dornbusch sitzen, nahe dem untergegangenen Dorf Lüttgenrode.

Der Lautenthaler geht so lange zum Zwergloch, bis er Wort bricht

Spar-die-Müh und die Zwerge am Bielstein

Am nordöstlichen Ende der Bergstadt Lautenthal liegt der Bielstein. Unterhalb fließt die Innerste in nordöstlicher Richtung dem Bielstein entgegen, vor seinem Fuß biegt sie links ab und läuft an ihm entlang. Über dieser Krümmung des Flusses, nur einige Schritte über dem Wasser, befand sich eine Höhle, die von den Lautenthalern das Zwergloch genannt wurde. Die Ebene aber, welche am Fuß des Bielsteins am rechten Innersteufer liegt, hieß Spar-die-Müh.

Im Zwergloch wohnten drei Zwerge. Die Zwerge verliehen Geld an die Lautenthaler oder silberne und goldene Gerätschaften bei Hochzeiten und Kindtaufen. Einstens brachten die Leute den Zwergen das geliehene Geld nicht wieder zurück. Als sie dann wieder zum Zwergloch gingen und sich Geld leihen wollten, hörten sie eine Stimme.

»Spar die Müh!«

Von der Zeit an liehen die Zwerge den Lautenthalern nichts mehr, und seitdem heißt die Stelle Spar-die-Müh.

~ ~ ~

Die drei Zwerge tanzten einmal oben auf dem Berg und sangen:

»Heute backt eine Frau, die hat keinen Kümmel in ihrem Teig.«

Das hörten zwei Holzhauer, und da die Frau des einen gerade backen wollte, lief er geschwind nach Hause und warnte sie, doch bloß den Kümmel nicht zu vergessen, damit die Zwerge nicht das Brot stehlen würden. Unterdessen tanzten die Zwerge immerfort nach der Weise »Hast du denn unseres Großvaters Ziege nicht gesehen« und anderen schönen Melodien. Als der Holzhauer wiederkam, wussten die Zwerge, was geschehen war, nahmen ihn sich zur Brust und verprügelten ihn. Das war auch der Grund, weswegen die Lautenthaler das schöne Zwerggeschirr nicht mehr geliehen bekamen. Von dieser Zeit an mussten sie bei Hochzeiten und Kindtaufen aus hölzernen Schüsseln und mit hölzernen Löffeln essen, obwohl sie aus feinstem Silber und Gold hätten speisen können.

~ ≈ ~

Eine Lautenthaler Frau hatte einen Löffel der Zwerge behalten. Als die Frau ein Kind bekam, schoben ihr die Zwerge ein Zwergkind unter. Das Zwergkind hatte einen dicken Kopf und konnte nicht sprechen. Da braute eine alte Frau Bier in einer Eierschale, und das Zwergkind sagte:

»Döringerland und drei Ringe alt, zweimal abgeholt,
Und hab' noch nicht gesehn ein altes Weib in der Eierschale Bier brauen.«

Da begriffen die Leute, dass sie ein Zwergkind hatten. Noch heute soll es viele Menschen in Lautenthal geben, die einen dicken Kopf haben, weil sie von Zwergen abstammen.

~ ≈ ~

Auf dem Bielstein wollte ein Bergmann einen Stollen anlegen. Als er am nächsten Morgen wieder hinkam, war das, was er am vorigen Tage geschafft hatte, wieder eingefallen. Darum sagten die Leute zu ihm:

»Spar die Müh.«

Er gab es aber nicht auf, dort einen Stollen anzulegen, doch fluchte und wetterte er furchtbar, wenn sein Stollen wieder einfiel. Einmal rutschte er auf seinem Hinterleder vom Berg herunter. Als er unten angelangt war, sagte er:

»Ich hätt' nicht gedacht, dass der Bielstein an mir herunterrutscht.«

Trumpf rut

Die stehenden Riesen aus Riefensbeek-Kamschlacken

Die Ortschaften Kamschlacken und Riefensbeek standen früher an der Stieglitzecke oben auf dem Bruchberg. Auf der Hanskühnenburg – am Berg gelegen – wohnten früher Riesen, die man aufrecht stehend begraben musste. Als Riefensbeek nach einer großen Regenflut den Bruchberg heruntergespült wurde, stieß es den Riesen ständig an die

Köpfe. Die hatten schließlich genug davon, stiegen aus den Gräbern, da kam von oben Kamschlacken auch noch angeschwommen. Das hielten sie dort auf, und darum liegt es seitdem dicht unter der Begräbnisstätte der Riesen, die noch heute Kerkhof heißt und früher Riesenkerkhof hieß.

Riefensbeek und Kamschlacken waren früher ein einziger Ort. Alle Häuser dort waren Hüttenhäuser und diese gehörten alle einem Superintendenten. Der Hüttenteich, der über Kamschlacken liegt, wird noch heute Superintendententeich genannt.

Einst saßen ein paar Kartenspieler vor dem Zechenhaus. Da sagte der eine beim Ausspielen:

»Trumpf rut! Trumpf rut! De Superdente teilt det Geld ut.«

Das erzählte man dem Superintendenten. Der rechnete nach und stellte fest, dass seine Leute in der Tat mehr von der Hütte profitierten als er. Am nächsten Tag ließ er alle neunundneunzig Hütten eingehen.

Es kann der Kleinste nicht in Frieden leben, wenn es dem frommen Nachbarn nicht gefällt

Die Zwerge in der Heimkehle

Die Heimkehle – auch Kehle oder Kelle genannt – ist eine große Gipshöhle zwischen Rottleberode und Uftrungen. Sie war ein bekannter Zufluchtsort für Zwerge. Ganze Scharen lebten dort, so lange man sich erinnern konnte, und weil es in der Heimkehle und deren Umgebung so angenehm war, wurde die Zwergbevölkerung immer größer.

Die Besitzer der umliegenden Felder sahen das alles weniger gern. Die Leibspeise der Zwerge waren grüne Erbsen, und diese verspeisten die kleinen Nachbarn über Nacht in schmatzenden Gelagen, dass fast die ganzen Felder leer wurden. Es waren der Zwerge so viele und der Erbsen so wenige, dass die Bauern bereit waren, den Zwergen den Krieg zu erklären und sie ein für allemal entweder zu vertreiben oder gar auszurotten. Der Zwergenkönig handelte mit der Stolberger Obrigkeit einen Vertrag aus, der besagte, dass ein Teil der Zwerge sich bei Timmenrode ansiedeln und Erbsen anbauen durfte, der andere

Teil sollte am großen Auersberg nach Silber schürfen. Ein fairer Plan, der für beide Seiten aufging – wenn sich nicht eine dritte Seite eingemischt hätte.

Denn der Gewinn, den beide Parteien erwirtschafteten, war den Walkenrieder Mönchen ein Splitter im Auge. Sie verlangten aus heiterem Himmel von den Zwergen, dass diese wie alle Gemeinden ein Zehntel der Ausbeute an die Walkenrieder abzugeben hätten. So wolle es der Herrgott. Die Zwerge aber entgegneten, nicht nur seien sie keine Christen, sondern vor allem wäre es gegen die getroffene Abmachung. Die Zwerge weigerten sich, denn sonst käme morgen das nächste Kloster und wolle seinen Zehnten, und am Tag danach das nächste. Die Mönche aber gaben nicht nach, setzten dem Grafen von Stolberg so sehr zu, dass der schließlich einknickte und den frommen Betern in Gottes Namen Timmenrode überließ. Sofort schickten die Mönche ihre Söldnerknechte, die den Zwergen im Auftrag ihrer geistlichen Herren den Fluchtweg zur Heimkehle versperrten. Die Knechte zerstörten das Zwergendorf und mordeten wie Besessene. Nur sehr wenigen Zwergen gelang die Flucht. Die verzweifelten kleinen Leute baten um den Schutz des Stolberger Grafen, doch der verweigerte ihnen jede Hilfe. So zogen die Zwerge ein zweites Mal – ungerecht geschlagen und enttäuscht – in Richtung Auersberg weiter, um ihren Brüdern vom schändlichen Vertragsbruch zu erzählen und sie zu warnen.

Die Auersberger Zwerge nahmen ihre erschöpften Freunde auf und waren außer sich, als sie vom Wortbruch der Menschen hörten. Der Zwergkönig gab den Befehl und die Zwerge zerstörten die Erzgänge, die sie bis dahin ordentlich und fleißig bearbeitet hatten. Die gestern noch reichhaltigen Gruben versiegten daraufhin für immer. Die betrogenen Zwerge nahmen ihren Weg durch das Krummschlachtal in die Heimkehle zurück. Da es der Flüchtlinge nur so wenige waren, fiel es nicht mehr auf, wenn sie nachts heimlich ein paar Erbsen ernteten.

Es dauert lange, bis die von ihrem schrecklichen Erlebnis vorsichtig gewordenen Zwerge den Menschen noch einmal halfen. Als Graf Johann von Tillys Kriegshorden mordend durch das Land zogen, suchten die Bauern Schutz in der Heimkehle. Die Zwerge nahmen die Notleidenden auf, gaben ihnen zu essen und zu trinken. Als der

Dreißigjährige Krieg zu Ende und endlich wieder Frieden war, kehrten die Menschen nach draußen zurück. Doch vielen ihrer Kinder hatte es bei den gastfreundlichen und kinderlieben Zwergen sehr gut gefallen. Auch die Zwerge hätten den Kindern gerne weiter ihre Gastfreundschaft und ein Zuhause gewährt. Wieder entbrannte ein blutiger Streit, in dem die Menschen mit Gewalt ihren Willen erzwangen. Seitdem hatte man in der Heimkehle keine Zwerge mehr gesehen. Diese waren entweder ermordet worden, hielten sich sehr versteckt oder waren ausgewandert, denn etwas Besseres als den Tod lässt sich überall finden.

Der wilde Jäger

Julius Wolff

Im Harzgebirg entspringet
Am Blocksberg aus dem Quell,
Rauscht durch den Wald und singet
Die Bode klar und hell.

War Wode sonst geheißen,
Muß treiben manch Mühlenrad,
Holz sägen und Eisen schweißen
Mit Wassersturz und Bad.

Bevor von ihren Bergen
Sie fröhlich herunter klimmt
Und von den Nixen und Zwergen
Den letzten Abschied nimmt,

Muß sie sich krümmen und winden
Durch ein wildgrausig Thal,
Verschlungene Wege finden
In Bogen ohne Zahl.

Die Felsen stolzer und kühner
Findet ihr nicht so bald,
Und krauser ist und grüner
Nirgends der deutsche Wald.

Da ragt mit Zinnen und Ecken
Manch Bollwerk und finsteres Thor,
Und Pfeiler und Säulen recken
Sich trotzig zum Lichte empor.

Da beugen hinüber und bücken
Sich Blöcke mit drohender Wucht,
Als wollten sie überbrücken
Mit ihrem Sturze die Schlucht.

Da klaffen Risse und Spalten,
Da stehen hoch aufgericht'
Verwunschene Thiergestalten,
Versteinertes Menschengesicht.

Da klammert mit durstigen Fasern
Strauchwerk am Felsen sich an
Und kniet mit Wurzeln und Masern,
Wo handbreit es haften kann.

Hoch oben rüttelt und spület
Windstoß und Regenguß,
Tief unten kämpft und wühlet
Wirbelnd und schäumend der Fluß

Die Wasser stürzen und schnellen
In Strudel und Gischt hinein,
Brandende, brausende Wellen
Waschen und höhlen den Stein.

Wollet ihr horchen und lauschen
In langen Thales Lauf,
Es schallet das Tosen und Rauschen
Bis auf die Berge hinauf.

Ihr schaut von Zacken und Klippen,
Gerölle, nackt und bloß,
Als säht ihr durch Felsenrippen
Bis in der Erde Schoß.

Ein Felsstock aber vor allen
Thürmt sich zu schwindelndem Rand,
Es fußen nicht Adlerskrallen
An lothrecht steigender Wand.

Auf seinem Scheitel, dem grauen,
Weit herrschend über dem Thal,
Ist in den Fels gehauen
Von Rosseshuf ein Mal.

Kein aufgezäumter Rappe,
Den je ein Sterblicher ritt,
Schlug funkensprühend die Trappe
Hier in den harten Granit.

Von Sleipnirs Hufe rühret
Die heilige Rune nur,
Und Opfer wurden geschüret
Uralter Götter Spur.

In Abenddämm'rung schweiget
Der Sturm und hemmt den Lauf,
Und hinter den Bergen steiget
Schweres Gewölk herauf.

Am Roßtrappmale stehet
Frei eine hohe Gestalt,
Des Recken Langbart wehet,
Sein faltiger Mantel wallt.

Die Götterstirne decket
Schattend ein breiter Hut,
Darunter aber schrecket
Einäugigen Blickes Gluth.

Zu seinen Füßen liegen
Zwei Wölfe, grimm und greis,
Sein mächtiges Haupt umfliegen
Zwei Raben in engem Kreis.

Langsam in weitem Bogen
Schwingt er den ragenden Speer,
Hat über sich gezogen
Einen Ring in der Lüfte Meer.

Da fährt aus den Wolkenballen
Hernieder ein rother Strahl,
Und krachende Donner hallen
Rollend durchs Felsenthal.

Mit tausendstimmigem Munde
Fällt brüllend das Echo ein,
Und leuchtend in die Runde
Zucket der Blitze Schein.

Es rauscht durch der Zweige Gitter,
Verschwunden ist die Gestalt,
Das erste Frühlingsgewitter
Schlägt in den ruhenden Wald.

Sagen und Legenden von Jägern und Wäldern

»Im Leben, im Leben / Da ist nicht alles eben / Und darum braucht im Leben / Der Mensch ein bisschen Glück«

Georg Buschor

Kleine Ursache, große Wirkung
Die Legenden vom wilden Jäger Hanns von Hackelberg

Hanns von Hackelberg war ein Braunschweiger Oberjägermeister. Er wurde wegen seiner guten Eigenschaften und seiner wissenschaftlichen Bildung in den Adelsstand erhoben. Mit seiner Ernennung zum Oberjägermeister erhielt Hanns von Hackelberg zugleich den Befehl, eine große Jagd auf der Harzburg zu veranstalten. Einen Tag vor Beginn der Jagd reiste er zur Burg, hatte jedoch in der Nacht zuvor geträumt, dass er durch einen Keiler ums Leben kommen würde. Er nahm sich deshalb vor, besonders vorsichtig zu sein. Als er halb im Scherz den anderen Jägern davon erzählte, warnten diese ihn und rieten ihm, nicht an der Jagd teilzunehmen. Das Zureden seiner Jagdgenossen jedoch hatte von Hackelbergs Entschluss nur bestärkt: Mit Kühnheit, Edelmut und Stolz würde er dem Keiler begegnen.

Die Jagd begann und es wurde bald ein ungeheuer großer Eber angeschossen. Das Tier weigerte sich jedoch, aus dem Leben zu scheiden und griff von Hackelbergs Gruppe an. Nur mit größter Mühe sowie all seinem Mut und Geschick konnte von Hackelberg den Keiler endlich erlegen. Der Keiler war auf ihn zugekommen. Von Hackelberg hatte ihm im letzten Moment einen Hirschfänger in die Seite gejagt – und in die andere gleich noch einen hinterher. Am Abend fand auf der Harzburg eine große Feier statt – mit dem erlegten Keiler als Ehrengast. Den Kopf des Tiers hatte man abgetrennt und auf einem separaten Tisch zur Schau gestellt. Der Kopf allein soll fünfundsiebzig Pfund gewogen haben. Jeder besah und bestaunte die Beute, und auch von Hackelberg kam herbei. Er nahm den Kopf des Ebers in die Hände, um das Gewicht und den Jagdtriumph zu spüren. Er hielt ihn in die Höhe und sprach voller Stolz.

»Du bist also das Ungetier, welches mir mein Leben nehmen sollte. Doch damit ist es jetzt zu Ende. Schaden sollst du mir nicht mehr.«

Damit ließ er den Kopf wieder fallen und dabei ritzte ein Fangzahn ihm die Haut auf. Diese kleine Wunde infizierte von Hackelberg und sie wurde schlimmer und schlimmer. Mehrere Ärzte wurden herbeigerufen, wussten jedoch weder Linderung noch Heilung. Von Hackelberg schrieb dies der Unwissenheit der Ärzte zu und hoffte, in Braunschweig bessere Behandlung zu finden.

Auf dem Weg, den er auf einem Esel reitend antrat, musste er der einbrechenden Nacht wegen in seinem Jagdschloss zu Wülperode bleiben. Hier verschlimmerte sich sein Zustand dramatisch. Sein ganzer Körper wurde angegriffen, und die Infektion des Keilerfangzahns machte seinem Leben ein jähes Ende. Vor dem Tod wünschte er sich noch, dass er bis zum jüngsten Tage jagen müsste. Sein Wunsch ist ihm offenbar erfüllt worden, denn auf dem Fallstein sowie in der ganzen Gegend hört man oft ein Hundebellen und ein Rufen in Jägerlatein, das dem wilden von Hackelberg zugeschrieben wird. Noch heute kündet die Tutursel – eine Figur in Gestalt einer Eule – von seinen Jagdzügen.

Die Tutursel war eine thüringische Nonne, die nicht singen konnte. Ihr Sopran, mit dem sie den morgendlichen Lobpreis anstimmte, war so furchtbar, dass kindskopfgroße Butterklumpen wieder zu Milch zerflossen und die Katzen das Mäusejagen aufgaben, um sich die Ohren zuzuhalten. Ein Teufelsaustreiber verbannte sie aus dem Kloster in den Harzwald, wo sie seitdem als Eule ihr Dasein fristet, und Hanns von Hackelbergs Jagdzüge besingt.

Noch lange Zeit konnte man Hanns von Hackelbergs Grab im Garten des Kepperkrugs bei Wülperode sehen. Das Grab bedeckte ein Hügel, der nur noch eine sehr geringe

Erhöhung hatte, und in dem Grabstein war von Hackelbergs Bild, das seines Esels und seiner Hunde eingehauen. Von der Grabinschrift war nur noch zu lesen: domini 1581, 13. Martii. Dies war das Sterbejahr des wilden Jägers Hanns von Hackelberg. Außerdem war Herr Klepper, der Wirt des Klepperkrugs, gerne bereit, jedem Fremden den Helm Hackelbergs und den Halsharnisch des Esels zu zeigen. Der Helm sah den preußischen Pickelhauben ähnlich, nur dass seine Spitze eine Eichel zeigte.

Vor etwa dreihundertsechzig Jahren öffneten zwei hannoversche Offiziere von Hackelbergs Grab, fanden seinen Schädel und nahmen ihn mit. Es meinte der Wirt des Klepperkrugs, dass er seitdem in einem Museum in Hannover aufbewahrt wird. Der Klepperkrug selbst gehörte zu von Hackelbergs Jagdschloss und war deshalb bis zur westfälischen Zeit abgabenfrei. Im Dreißigjährigen Krieg jedoch ging der Klepperkrug zu Bruch.

~ ~ ~

Der Braunschweiger Oberjägermeister Hanns von Hackelberg fand bekanntlich seinen Tod durch einen großen Eber und ein kleines Unglück. In seinem Testament hatte er verordnet, dass sein Schimmel ihn an die Stelle ziehen solle, wo er begraben würde. Seine Ruhestätte solle dort sein, wo der Schimmel zum ersten Male stehen bliebe. Das wurde jedoch von den Leuten nicht beachtet. Man spannte vier Braune vor den Trauerwagen. Die zogen den Wagen prompt in den Wald, blieben aber mit ihm in einem großen Sumpf stecken. Von Hackelbergs Schimmel war die ganze Zeit über nebenher gelaufen, wie ein Hund bei seinem Herren. Als die Braunen den Leichenwagen nicht wieder aus dem Sumpf ziehen konnten, spannte man den Schimmel vor den Wagen, und schon lief dieser wie von selbst zum hohen Moosberg im Solling hinauf. Auf der Mitte des Bergs hielt der Schimmel an und wich nicht von der Stelle, so viel man ihn auch antrieb. Also wurde Hanns von Hackelberg an dieser Stelle begraben. Heute weiß jedoch niemand mehr, wo dieser Ort, wo sein Grab ist.

Einst kam ein Kuhhirt daher, hing Kittel und Hut an seinen Stock, ging ins nächste Dorf und sagte, er habe von Hackelbergs Grab gefunden. Alle Bauern strömten sogleich herbei. Als sie aber an das angebliche Grab kamen, saß eine Eule darauf. Die Sachen des Kuhhirten waren weit umher geworfen, Hut und Stock lagen diesseits und Kittel jenseits des Berges.

Manchmal neckten die Jungen im Solling den wilden Jäger und riefen:
»Hui, hui, pif, paf, pif, paf.«
Dann warf von Hackelberg ihnen Fleisch zu und rief seinerseits.
»Wollt Ihr mithelfen jagen, sollt Ihr auch helfen knagen.«

In seinem Leben geht kein Schuss daneben

Der Freischütz von Clausthal-Zellerfeld

Es stand ein Jägerbursche im Dienst bei einem Förster in Clausthal-Zellerfeld. Dieser Bursche konnte jede beliebige Kugel als Freikugel schießen. Der Förster hatte einen dreizehnjährigen Knaben, der diese Kunst lernen wollte. Er quengelte deshalb jeden Tag beim Jägerburschen, es ihm beizubringen. Der Jäger sagte schließlich zu dem Knaben, wenn er konfirmiert würde, solle er den wahren Leib behalten, den er bei der Messe erhalten würde, und diesen nach Hause bringen. Alles Weitere wollte er ihm dann sagen.

Ein halbes Jahr später wurde der Knabe konfirmiert und brachte den wahren Leib mit nach Hause. Der Jäger ging mit ihm in den Wald, hing die Hostie an einen Baum, lud das Gewehr und sagte dem Knaben, er solle nun auf die Hostie schießen. Der Junge weigerte sich und sagte, er könne unmöglich auf den heiligen Leib schießen. Der Jäger aber sagte, er müsse dreimal auf die Hostie schießen oder er wäre verloren. Der Knabe nahm das Gewehr, schoss dreimal auf die Hostie, und traf jedes Mal, obwohl er nicht einmal danach gezielt hatte.

Seit dieser Zeit konnte er freie Kugeln schießen. Als er Förster wurde, ließ er manchmal spaßeshalber seine Geschicklichkeit sehen. Wenn er abends Gesellschaft hatte, fragte er, was die Leute essen wollten. Ob Hasenrücken oder Rehbraten, ob Hirschfilet oder Auerhahn, er nahm seine Flinte, schoss blindlings zum Fenster hinaus, und schickte die Leute in den Garten, den Hof, oder auf die Gasse, um die Beute zu holen. Jedes Mal lag alles am angekündigten Ort. Zuweilen fragte er auch, wo es liegen sollte, und jedes Mal lag es dort, wo die Leute es haben wollten. Er fand den Tod durch den Teufel, der ihm den Hals umdrehte, und rings um seinen Hals hatte der Förster einen blauen Streifen wie ein blaues Halsband.

Kein böser Onkel, sondern Vater des Harzes

Der wilde Mann zu Wildemann

Vor langer Zeit verschlug es einen Räuber aus Thüringen in den Oberharz. Er lebte dort mit seiner Frau in einer abgelegenen Höhle. Sie trugen keine Kleider, nur ein wenig Baumrinde oder Tannenzweige, Hecke oder Hexenkraut als Hose und Rock. Darum werden noch heute am Schützenhof in Wildemann der wilde Mann und die wilde Frau mit Hecke oder Hexenkraut dargestellt.

Der Ritter Klaus, der das kleine Clausthal gegründet und den Oberharzer Bergbau ins Leben gerufen hatte, sah einmal den wilden Mann auf der Wildemännerklippe, bekleidet wie beschrieben. Er trug eine abgerissene Tanne in der Hand, auf dem Rücken einen Bären, den er damit erschlagen hatte. Der wilde Mann hatte übermenschliche Kraft. Er hatte schon viele Bären und viele wilde Schweine mit der Tanne getötet. Ritter Klaus ging ihm nach. Als dieser vor der Höhle den Bären abwarf, erblickte Ritter Klaus auch die wilde Frau. Er hatte sie schon früher einmal im Wald gesehen, doch sie war damals schnell im Dickicht seinen Augen entschlüpft. Sie rannte auch jetzt sofort aus der Höhle, als sie den Ritter erblickte, lief in die Dichte des Waldes und kam nicht wieder zum Vorschein. Sie ließ in der Höhle ein Kind zurück, in Hecken und Hexenkraut eingewickelt.

Der wilde Mann hatte später mit einer andern Frau noch fünf Kinder. Von diesen sollen in Wildemann und im ganzen Harz viele Leute abstammen. Der Ritter Klaus verpflichtete den wilden Mann wegen seiner Kräfte zu Waldarbeiten und zum Bergbau.

Aus der Höhle des wilden Mannes entstand die Stadt Wildemann. Das Rathaus steht genau an der Stelle, wo früher die Höhle stand. Man sagte im Scherz, in ganz Wildemann gäbe es nur ein Messer. Das hänge im Rathaus an einer Kette, und wer etwas schneiden wolle, müsse zum Rathaus gehen. Damit wollte man sagen, dass man den Bewohnern von Wildemann noch immer ihre Abstammung anmerken könne.

Mit Speck fängt man Mäuse, mit dem Hut fängt man die Kugel

Der Freischütz von Herzberg

In Herzberg wohnte ein Oberförster, der keinen Jägerburschen behalten konnte. Sie wurden ihm regelmäßig von einem anderen Förster totgeschossen, denn dieser Förster konnte Freikugeln schießen. Eine ganze Zeit lang hielt der Oberförster darum keinen Burschen. Eines Tages bot ein Jägerbursche ihm seine Dienste an. Der Oberförster wollte ihn nicht annehmen und erzählte, wie es ihm bei jedem Burschen ergangen war. Der Jägerbursche erwiderte, wenn es weiter nichts wäre, würde er sich darum kümmern. Der Oberförster nahm den Burschen probeweise an. Am nächsten Tag begegnete der Jägerbursche im Wald prompt dem Freischütz, und schon hatte der auf ihn geschossen. Doch der Bursche hatte seinen Hut zwanzig Schritt vor sich aufgestellt. Er fing die Freikugel darin auf, lud sie in sein Gewehr und erschoss damit den anderen Förster. Von dieser Zeit an konnte der Oberförster seine Burschen behalten.

Der Feinschmecker im Stammroder Wald

Die Sage vom wilden Jäger in Harzgerode

Im Stammroder Wald bei Harzgerode zog der wilde Jäger mit zwölf großen und sechs kleineren Hunden umher. Es herrschte ein furchtbarer Wind. Ein Mann namens Fricke äffte die Hunde nach, als der Jäger vorbeizog. Da kehrte der Jäger zurück und warf ihm und seinem Begleiter jeweils eine Pferdelende zu. Fricke aber sagte nur:

»Ist da aber auch wohl schwarzer Kümmel und Dill dran?«

Da bückte sich der wilde Jäger und nahm beide Pferdelenden wieder mit.

Junge Frauen kurvenfein, alte Frauen grau wie Stein

Woher Benneckenstein seinen Namen hat

Eine alte Frau war mit ihrer vollgepackten Kiepe im Wald unterwegs, um Eier und andere Lebensmittel in den umliegenden Siedlungen zu verkaufen. Von der schweren Last müde geworden, setzte sich die Frau zum Ausruhen auf einen Stein, wo sie auch schon bald darauf eingeschlafen war. Zu eben dieser Zeit setzte ein junger Jäger im selben Wald den Tieren nach. Von der Arbeit ebenfalls müde geworden, wollte er eine Pause machen. Er setzte sich auf die schlafende Frau, die er in ihrer grauen Bekleidung für einen der herumliegenden Steine hielt. Der vermeintliche Stein begann sich zu bewegen, der Jäger erkannte seinen Irrtum und entschuldigte sich. Die unsanft geweckte alte Frau aber rief ihm entrüstet auf Plattdeutsch zu:

»Benn eck en Stein?«

Im Le-he-ben, im Le-he-ben, geht mancher Schuss dane-he-ben

Der wilde Jäger in der Gegend des Bruchbergs

Der wilde Jäger wurde im Oberharz meistens an den Vorbergen des Brockens erblickt. Es schien, dass man ihn üblicherweise vom Brocken her kommen sah. Dort hatte er ein Jagdrevier und machte sich auf dem alten Wetterberg mit Wind und Wetter zu schaffen. In Lerbach sagte man, der wilde Jäger gehe während des Gewitters umher und rufe:

»Wer will Fleisch?«

Dann dürfe ihm aber beileibe niemand antworten.

~ ~ ~

Vor vielen Jahren gingen zwei Frauen aus Altenau zum Ochsenberg. Es war ein sehr heißer Tag. Sie zogen bis auf ihre Unterwäsche alles aus und hängten es zum Trocknen an einen Strauch. Plötzlich hörten sie ein Brausen und etwas wie Pferdegewieher in der Luft. Beide erschraken halb zu Tode und liefen nach Hause, alles zurücklassend. Als sie sicher waren, dass der wilde Jäger wieder fort war, gingen sie zitternd zum Ochsenberg zurück, zogen sich schnell wieder an und machten sich davon.

~ ~ ~

Zur Winterzeit schlugen ein paar Zimmerleute am Bruchberg Bauholz. Als sie abends in ihrer Köte um das Feuer herumlagen und eben den Braten vom Feuer nehmen wollten, rief jemand hinten aus dem Wald.

»Hoho! hoho!«

Danach kläfften böse klingende Hunde. Den Zimmerleuten war angst und bange, nur einer fürchtete sich vor nichts und sagte, dies sei der wilde Jäger, den müsse er sehen. Gleich darauf kam der wilde Jäger mit seiner ganzen Schar heran. Der Zimmermann ging vor die Köte und als der Jagdzug vorüber war, rief er im Spott:

»Hoho! hoho! hoho!«

Im selben Augenblick kehrte die Schar wieder um, zurück zu der Köte, und der Zimmermann erhielt eine Ohrfeige, dass er wie tot umfiel. Eine schwarze Masse flog zur Tür hinein und stürzte ins Feuer, dass den Zimmerleuten Funken, Flammen, Kohlen und Asche um die Ohren flogen. Als sie sich erholt hatten und Licht anzündeten, war der Rehbraten verschwunden. Stattdessen lag eine Pferdelende auf dem Rost. Der geohrfeigte Zimmermann aber neckte seitdem den wilden Jäger nie wieder.

~ ~ ~

Ein Mann namens Pries sah den wilden Jäger zweimal in seinem Leben. Einmal bewachte er mit einem Kameraden im Herbst die Kartoffeln. Man hatte ein Feuer angezündet, als man ein Jauchzen wie von einem wilden Schwein oder von einem Eseltreiber vernahm.

»Hoi, hoi.«

Pries ging ein Stück weit vom Feuer weg, doch außer der dunklen Nacht war nichts zu sehen. Später, als er in einer Köhlerhütte war, sah er ihn. Da zog der wilde Jäger über die Bucht hinweg, kaum hundert Schritte entfernt. Er kam vom großen Breitenberg und zog durch die Waldung. Tausend Stimmen waren in der Luft zu hören, Pries sah aber nur den wilden Jäger. Der sah aus wie ein Förster, trug grüne Kleider. Ob er durch die Lüfte ging oder schritt, konnte der Mann nicht unterscheiden, es war fast, als ob er flöge. Deshalb konnte Pries ihn auch diesmal nicht genau sehen, doch erkannte er deutlich, dass es derselbe war, den er auf dem Feld gesehen hatte. Beide Male verhielt er sich ganz ruhig. Den Eseltreibern, die am Brocken lagen und Jagdrufe oder das Bellen der Hunde nachahmten, warf der wilde Jäger die Lende eines toten Pferds zu. Dabei rief er, da sie ihm zu jagen geholfen hätten, sollten sie auch helfen zu knagen. Die Pferdelende solle ihnen als Erinnerung dienen, ihn nie wieder nachzumachen.

Sagen und Legenden von Geistern, Gespenstern und anderen Gesellen

Nixen und ein Hickeding, Schlarfentoffel, Tortelwäsche, Haulemutter – matt!

All-you-can-eat Büffet, und dann die Rechnung

Das Gastmahl des Gero

Es war noch vor der ersten Jahrtausendwende, als eine Ansammlung östlicher Fürsten durch den Wald in die Gegend des heutigen Gernrode ritt. Man war vom hier ansässigen Markgrafen Gero eingeladen worden, um über die Gebiete und Abkommen zu verhandeln. Der alte Tugimar, erfahrener Kämpfer und Soldat, traute dem Frieden nicht, denn in der Vergangenheit waren derartige Unternehmungen stets blutig ausgegangen. Er fürchtete wieder einen Verrat und hielt mit seinen Ansichten nicht zurück. Es kam zum Streit unter den Reitern. Der misstrauische Tugimar verließ die Gruppe und ließ seinen Bruder mit den anderen Führern zu Gero weiter reiten.

Doch Tugimars Misstrauen schien unbegründet, denn die Gruppe wurde auf Geros Burg friedlich willkommen geheißen. Ihre Pferde wurden gut versorgt, und man bat gleich zu Tisch, wo der Gastgeber nicht an Speisen und Wein gespart hatte. Der ungewohnte Wein ließ die Gäste lustig werden. Als die ersten zum Aufbruch mahnten, lagen viele der ihren schon unter den Tischen. In diesem Moment trat Gero, der kurz den Saal verlassen hatte, mit seinen bis an die Zähne bewaffneten Knechten ein. Die Gastgeber deuteten die Absichten einer Abreise als Bruch des Friedens und schlachteten die unbewaffnete östliche Gesandtschaft bis auf den letzten Mann ab. Mit dem Rest seiner Kraft sprach der letzte Überlebende einen Fluch aus, doch Gero verstand bis auf das Wort »Tugimar“ nichts. Doch der Schrei des unschuldig Ermordeten verfolgte ihn und wollte ihn nicht mehr loslassen.

Als die anderen vom heimtückischen Mord an ihren Fürsten hörten, zogen sie sich grimmig zurück. Sie suchten sich Verbündete in Ungarn und erklärten den germanischen Auen den Krieg. Geros erster Sohn fiel in diesen Schlachten, nicht viel später auch sein zweiter Sohn. Gero bereute seine Tat aus tiefstem Herzen, doch die Ermordeten und Gefallenen konnte nichts wieder zurückbringen. Als Sühne für sein Unrecht – und in der Hoffnung, Frieden finden zu können – stiftete Gero das Kloster Gernrode mitsamt seiner Kirche. Gero setzte Hathui, die Witwe seines Sohnes Siegfried, als erste Äbtissin ein. Bis auf den heutigen Tag, besonders in mondhellen Nächten, muss sich Gero aus seinem Grab erheben. Er muss seine vermoderte Rüstung anlegen und auf der Stätte des Mordes umgehen, getrieben von der Erinnerung, gepeinigt von dem letzten Schrei des Unschuldigen, der ihn niemals ruhen lässt.

Aus dem Rahmen gestiegen

Das lebende Bild zu Falkenstein

Im Rittersaal der Burg Falkenstein befand sich die Ahnengalerie der Falkensteiner Hausherren. Unter den Gemälden war eins, das eine verblichene und wie geisterhaft aussehende Frau zeigte. Aus diesem Bild wurde von Zeit zu Zeit die edle Dame lebendig, stieg aus dem Rahmen heraus und wanderte still in den alten Gängen umher. Sie erschien jedes Mal, wenn wieder einer der Stammhalter verstorben war. Ihr Gang führte sie durch alle Räume und dann stets die Treppe hinab zur Burgkapelle. Dort hielt sie kurz inne, wie zu einer Andacht. Erst dann kehrte sie um, schritt langsam denselben Weg zurück, und glitt wie von Geisterhand in das Gemälde zurück.

Die Untiefen des Kunstteichs

Die Sagen der Nixen im Kunstteich

Es lag ein Kunstteich bei Harzgerode, welcher die Künste der Grube Albertina anzutreiben hatte. Künste war Bergmannssprache für die Maschinen der Bergleute. An diesem Teich pflügte ein Knecht am Abend vor dem Erntedankfest. Als er mit dem Pflug umwendete, hörte er eine Stimme rufen.

»Kneden!«

Er wunderte sich, erwiderte aber schlagfertig, man solle ihm einen mitbacken. Als er dreimal umgepflügt hatte, stand ein schöner Pflaumenkuchen da.

Es wurde einst eine Hebamme von einem Nix zu einer Entbindung im Kunstteich gerufen. Beide gingen einmal oben um den Kunstteich herum. Erst dann führte er sie hinein. Sie kamen in ein Zimmer, und die Nixe lag dort im Bett. Die Entbindung war sehr schwer, ging aber glücklich und gesund vonstatten. Wenn ihr Mann frage, was die Hebamme als Bezahlung haben wolle, so möge sie nur sagen, sie wolle höchstens ein bisschen Kehricht nehmen. Das werde sich sehr gut lohnen, denn dieser verwandele sich in Gold. Die Hebamme verkaufte den Kehricht an einen Goldschmied und besuchte die Wöchnerin vierzehn Tage lang. Danach wurde die Taufe gehalten, und der Nix taufte persönlich. Wiederum nahm die Hebamme nur etwas vom Kehricht, der sich wieder in Gold verwandelte. Die einzige Bedingung war, dass sie niemals rede von dem, was sie gesehen hatte.

Der Hebamme war ein Auge gelaufen, und sie hatte es mit einem Nixenhandtuch getrocknet. Fast ein Jahr nach der Taufe sah sie die Nixfrau auf dem Harzgeroder Markt und fragte, wie es ihr gehe. Die Nixfrau war überrascht, dass die Hebamme sie sehen könne. Sie ließ die Hebamme ein Auge schließen, um herauszufinden, mit welchem Auge sie von der Frau gesehen würde. Als sie es wusste, nahm sie ihre Schürze, spie darauf und strich ihr kurz über dieses Auge. Da wurde die Nixe nicht mehr von der Hebamme gesehen. Diese fand aber am nächsten Tag noch etwas von dem Nixenkehricht in ihrer Schürze. Die Nixfrauen gingen seitdem wieder unsichtbar auf den Markt und nahmen ohne Geld, was ihnen beliebte.

Die Verwandtschaft Harzer Lörke

Das Hickeding

Bei Buntenbock an der Ausflut des Teichs hatte ein Mann mit dem Teufel gehandelt. Dafür hatte er ein Hickeding erhalten, das Geld zaubern konnte. Als er es an einen Tischlermeister verkaufen wollte, machte es ein furchtbares Brausen, und der Tischer ging rückwärts aus dem Zimmer hinaus. Man gab dem Hickeding Milch und Semmel zu essen. Beim Buntenbocker Schützenfest sagte der Mann erschrocken zu seiner Frau, sie hätten vergessen, dem Hickeding zu fressen zu geben. Als beide wieder nach Hause kamen, war es verhungert.

In einem anderen Haus in Buntenbock gab es ebenfalls ein Hickeding. Es saß in einer verschlossenen Kammer, in die sich niemand hinein traute. Als es in diesem Haus brannte, schlug der Lehrer die Tür ein. Das Hickeding saß in einem Kästchen, es sah aus wie eine Kröte, hatte Krötenbeine und Kropfaugen. Vor ihm stand eine kleine Fußbank, ein silberner Amboss, und darauf lag ein Hammer. Plötzlich entstand aber ein Windbrausen und aus der Kammer sprühte Feuer heraus. Da wurde die Kammer wieder verschlossen, doch sie brannte nicht mit ab. Noch lange später sah man darin einen Klumpen Feuer glimmen.

Ein Schneider, der gerade einen Bräutigamsanzug fertigte, hörte von seinem Nachbar, das Hickeding wolle weiterziehen. Der Schneider stellte in der Nacht einen Kohlentopf in den Garten, der sofort Flammen fing. Da warf der Schneider den Bräutigamsanzug in das Feuer, um damit das Hickeding zu gewinnen. Die Schätze durfte er heben und für sich behalten.

Je mehr sich verändert, desto mehr bleibt gleich
Das Kussregister

In Lonau gab es früher ein Gesetz, dass ein Junggeselle, wenn er einer Jungfer einen Kuss geben wollte, es vorher beim Ortsvorstand anzeigen musste. Kam es heraus, dass ein Liebespaar beisammen gewesen war, ohne vorher Anzeige gemacht zu haben, so mussten Junggeselle und Jungfrau ein volles Jahr lang jeden Monat einmal die Straße reinigen. Dabei trugen die Burschen einen Strohkranz auf dem Kopf und die Mädchen ein Seil um den Leib. Wer damals in Lonau sehen wollte, ob seine Braut ihm treu sei oder ob sie es auch mit anderen hielte, der brauchte bloß zum Herrn Vorsteher zu gehen und im Kussregister nachsehen zu lassen. Das Buch ist so dick geworden, dass nicht einmal zehn Pferde es hätten von der Stelle schaffen können.

Seid fruchtbar und mehret euch!
Der Kinderbrunnen bei Goslar

Kinderlose Frauen tranken aus dem Goslarer Kinderbrunnen und wurden davon fruchtbar. Der Brunnen nährte den Herzberger Teich, dessen Wasser die Kunst des Rammelsbergs trieb. Des Kaisers Jäger, Ramme mit Namen, dessen Ross Gold aus dem Rammelsberg hervor gescharrt und so das Entstehen der Bergwerke am Rammelsberg veranlasst hatte, fand sich einst mit seiner Gemahlin Gosa ein, als diese am Kinderbrunnen von Geburtswehen überrascht wurde. Daher hat der Kinderbrunnen seinen Namen. Die Gose verdankt ihren Namen daher, weil darin das Kind der Gosa gewaschen worden sei. Auch das nach dem Fluss benannte Bier soll bei der Zeugung von Nachwuchs helfen.

Gundel Karl, der nach der Pest die toten Gruben des Rammelsbergs wieder ins Leben gerufen hatte, wollte seiner Gemahlin Sophie den neu erwachten Bergbau zeigen. Auf dem Rückweg vom Rammelsberg gebar sie Zwillinge. Lange Zeit war am Kinderbrunnen ein Stein zu sehen, auf dem mehrere Kinder abgebildet waren.

~ ~ ~

Augenzeugen aus Goslar berichteten, es lasse sich zuweilen abends zwischen acht und zehn Uhr auf dem Rammelsberg eine Laterne mit drei Flämmchen erblicken. In demselben Augenblick jedoch, in welchem sie oben auf dem Berge sei, erscheine sie auch eine Viertelstunde von jenem Punkt entfernt. Sie sei bald hier, bald da, doch bewegte sie sich gewöhnlich in Richtung des eine halbe Stunde entfernt liegenden Sudmerbergs. Die Laterne sei manchmal ganz dicht an den Augenzeugen vorbei geschwebt, und diese hätten wie erstarrt jeden Augenblick ihren Angriff erwartet. Manche hätten das Bewusstsein verloren, oder kleine körperliche Verletzungen davongetragen. Man erzählte in Goslar, dass in alten Zeiten eine Frau ihre drei Kinder im Kinderbrunnen ertränkt habe und dass darum ihre Seele keine Ruhe finden könne. Seitdem müsse sie für alle Zeiten abends in Gestalt einer Laterne mit drei Flämmchen in der Nähe des Brunnens umherwandern.

Fünfzigmal an die Tafel schreiben:
Der Schlarfentoffel und die Tortelwäsche

In Lerbach ließ sich der Schlarfentoffel sehen. Er war ein fremder Fuhrmann, der sich in dem abschüssigen Dorf totgefahren hatte und gleich an der Stelle am Zaun begraben worden war. Er trug große Schuhe und einen sehr großen Hut. Von der linken Schulter hing ihm eine Kette, die er wie eine Schärpe umgeschlagen hatte, und daran führte er ein kleines Hündchen. Dem Nachtwächter war der Schlarfentoffel lange Zeit ein treuer Begleiter. Auch Tante Tortelwäsche spukte in Lerbach. Sie ging besonders gerne in der Flut herunter und sie konnte sich in eine Katze verwandeln, die groß wie ein Kalb war.

Schatz weg, Pferdemist weg, Leben weg

Der Schatz zu Lasfelde

Ein junger Bauer in Lasfelde träumte drei Nächte hintereinander, er solle auf eine Brücke vor Lauterberg gehen, dort würde er etwas Neues erfahren. Nach der dritten Nacht ging er auf die Brücke und es kam ein Schneidermeister, der fragte, weshalb er da säße. Da erzählte der Bauer, was er geträumt hatte, und der Schneidermeister sagte, bei seinem Hof in Lasfelde läge unter einem Baum ein Kessel voller Geld, das hätte ein alter Mann – von dem man nur noch weiß, dass sein Name mit D begann – dort vergraben. Wer dort zwei einjährige schwarze Ziegenböcke auf der Stelle tanzen ließe, würde das vergrabene Geld freilegen. Der Bauer ließ zwei solche Ziegenböcke dort tanzen und tatsächlich fand er einen kleinen Braukessel mit Geld. Den hob er mit seiner Frau heraus, aber sie sprachen dabei immerfort. Als sie ihn ins Haus brachten, wurde es wegen des Schwatzens nichts als Pferdedreck. Den warfen sie auf den Mist.

Etwas später aber kam eine Frau, die um etwas Pferdemist bat. Der Bauer gab ihr von dem eben weggeworfenen Mist. Als die Frau damit nach Hause kam, war der Mist zu purem Gold geworden. Die Frau ging wieder zurück, wollte den ganzen Haufen Pferdemist kaufen und bot einen guten Preis dafür. Der Bauer lachte über das vortreffliche Geschäft, gab ihr den ganzen Hucken. Als die Frau ihn eine Zeit lang im Besitz hatte, wurde der Pferdemist bei ihr wieder zu Gold. Einige Zeit später wechselte die Frau beim Bauer Gold und sagte dabei, dass es von dem Pferdemist wäre. Der Bauer sah den Haufen noch einmal vor seinem Auge wegziehen, lief in sein Haus, griff die Flinte und schoss sich in den Kopf.

Wer Schadeleben hat, braucht für Spott nicht zu sorgen

Die Bärenjagd zu Schadeleben

Ein Bär sollte aus einem Zirkus in Halberstadt ausgebrochen sein. Nach seiner Flucht blieb das Raubtier spurlos verschwunden. Zur selben Zeit verbreitete in Schadeleben ein Knecht die Kunde, er habe draußen auf dem Feld einen Bären gesehen. Die Bewohner waren außer sich vor Angst. Man beschloss, dem Bären mit Waffengewalt auf den Pelz zu rücken, in der Annahme, es wäre das ausgebrochene Zirkustier, welches die heimischen Äcker plündern und verwüsten würde. Die Bürger zogen dem beschriebenen Feld entgegen, bewaffnet mit Mistgabeln, Spaten, Knütteln und Gewehren. Tatsächlich, schon bald scheuchten die Hunde das pelzige Untier auf. Doch es handelte sich um Bauer Hintz aus dem Nachbardorf, der zu später Stunde noch auf dem Feld gewesen war, und sich wegen der kalten Witterung einen Pelz übergezogen hatte. Seither trugen Schadelebener den Spitznamen »Die Bären« und das zottelige Raubtier wurde zum Maskottchen des Ortes.

Geiz ist nicht geil

Die Buttermilchbetstunde

Es gab in Clausthal-Zellerfeld einen Superintendenten namens C., dessen Frau war sehr geizig. Wenn ihr Mann Pfennige ins Fenster legte für die Armen, nahm sie sie fort und versteckte sie. Wenn sie am Donnerstag butterte, vermischte sie die Buttermilch mit Wasser. Wenn sie Butter verkaufte, hatte sie eine ungenaue Waage, mit der sie die Leute nochmals betrog. Als sie gestorben war, fand sie keine Ruhe und zog als Geist im Haus umher. Man konnte im Haus nicht mehr wohnen wegen ihres Geheuls und des Lärms, den sie machte. Man ließ einen Pater aus Goslar kommen, um sie zu bannen. Der beschwor sie und als die Frau erschien, warnte er alle, sie sollten sie nicht anrühren. Aber einer tat es doch, als sie ihm die Hand hinstreckte. Da brannten ihm gleich die Finger. Der Pater fragte sie, was ihr Begehr sei. Sie brenne im höllischen Feuer, jammerte sie, und habe keine Ruhe. Im Keller sei das Geld, um welches sie die Armen betrogen hatte. Darauf verbannte der Pater sie und verbot ihr, jemals wieder zu erscheinen. Das Geld wurde gefunden. Es war ein großer Kessel voll, im Keller vergraben. Dieses Geld wurde angelegt und die Zinsen wurden jeden Donnerstag nach der Betstunde an die Armen verteilt. Die Waage wurde in der Kirche aufgehängt. Die Betstunde nennt man seitdem die Buttermilchbetstunde.

Blinde Wut tut nicht gut

Die Sage von den Glockensteinen

Ein Stolberger Glockengießermeister sollte eine neue Kirchenglocke liefern. Er versprach vortreffliche Arbeit und machte sich mit seinem Gesellen gleich ans Werk. Doch weder die erste, noch die zweite, noch die dritte Glocke entsprachen seinen Vorstellungen. Dem Glockengießer fiel nichts mehr ein. Er fuhr zu seinem Vater in Nordhausen, um sich dort einen Rat zu erfragen. Sein Geselle sollte während seiner Abwesenheit einen neuen Glockenguss vorbereiten. Die Arbeit war rasch getan, denn der Geselle war tüchtig. Doch da der Meister sehr lange unterwegs war, versuchte sich der Geselle selbst an einem Glockenguss. Die Glocke wurde perfekt. Der Geselle war hoch erfreut, doch dann umso betrübter. Er kannte Ruhmsucht und Jähzorn seines Meisters zur Genüge. Der Geselle lief dem Meister entgegen, um ihm noch vor seiner Ankunft vom Glockenguss zu berichten und ihn so vielleicht zu besänftigen. Bei Steigerthal traf der Geselle den Meister und erzählte, was geschehen war. Der Meister geriet in ohnmächtige Wut, und prügelte seinen Gesellen zu Tode. Zum Gedenken an dieses schreckliche Verbrechen wurden an der Stelle die Glockensteine aufgestellt. Der Glockengießer wurde zum Tode verurteilt, hingerichtet und am selben Ort begraben.

Haule, haule Gänschen

Die Haulemutter

In Clausthal-Zellerfeld ging ein Bergmann abends spät nach Hause. Auf dem Weg saß die Haulemutter und haulte. Sie hatte das eine Bein auf einem Zaun an der einen Seite des Wegs und das andere Bein auf einem Zaun an der anderen Seite. Der Bergmann war sehr beherzt und ging geradewegs unter der Haulemutter durch. In dem Augenblick aber schlug sie ihm den Hut vom Kopf. Der Bergmann ließ den Hut liegen. Als er in sein Haus kam, sagte er dort seiner Frau, er habe seinen Hut verloren, den möge sie ihm doch bitte holen, er müsse dort zwischen den beiden Zäunen liegen. Die Frau ging hin und nahm den Hut. Kaum war sie damit im Haus angelangt, war auch schon die Haulemutter draußen, haulte ganz furchtbar und bedrohte das ganze Haus. Man warf ihr den Hut aus dem Fenster zu und damit war sie beruhigt. Der Hut lag am anderen Morgen in Fäden zerrissen auf der Straße.

Ein Bergschmied in Clausthal-Zellerfeld fuhr eines Morgens früh um ein Uhr los. Als er am Zellbach durch das sogenannte Prachtgässchen kam, hörte er eine feine und dünne Stimme, welche zu ihm sprach:

»Bleiste schtiehn, bleiste schtiehn.«

Weil er aber wusste, dass die Frau in dem kleinen Haus an der Straße eine Hexe war, dachte er gleich, diese Hexe wolle einen Schabernack treiben. Er machte, dass er fortkam. Aber gleich hörte er hinter sich ein Trappeln und Rappeln, ein Haulen und Schreien, dass ihm Hören und Sehen verging. Mit einem Mal fühlte er auf seinen Schultern eine schwere Last, als wenn sich ein Mensch auf ihn gesetzt hätte und mit den Beinen vorn herunterhinge. Er fühlte auch, wie Finger gleich Krallen in seine Haut eingeschlagen wurden. Und das Ding verließ ihn nicht eher, bis er matt und erschöpft zu Boden sank. Dann verpasste es ihm einen derben Schlag in den Rücken, dass er ohnmächtig wurde und erst nach Stunden wieder erwachte. Abends, als er nach Hause kam, hatte er schwarze Flecke auf Schultern und Rücken.

~ ~ ~

Noch heute sitzt im Harz zwischen elf und zwölf Uhr nachts die Haulemutter auf den Dreibrotsteinen und weint. Die Steine sehen aus wie drei riesige, übereinander gelegte Brote. Im Tal fließt das Dreibrotwasser. Im Sommer kann es einem geschehen, dass Frau Haule einem dort auf den Rücken springt. Dann zwingt sie den Unglücklichen, sie bis ans Wasser zu tragen. Wer die Steine zu Broten zurückverwandeln kann, erlöst die Haulemutter.

Nicht immer. Aber immer öfter

Die Sage von der Wunderkuh

In Clausthal-Zellerfeld lebte ein Mann, der hatte eine Kuh. Diese Kuh war sechzig Meter lang und fünfzehn Meter hoch, mit zwanzig Meter langen Hörnern. Dreißig Fuhrherren hatten jeder zehn Pferde. Die mussten Tag für Tag in einer großen Wanne – gebaut von hundert Meistern mit je zehn Gesellen, für achtzigtausend Reichstaler – die Milch zum Butterfass fahren. Das kostete neunzigtausend Reichstaler. Fünfzig Dienstmägde mussten täglich die Kuh melken. Dreitausend Liter Milch gab die Kuh bei jedem Melken. Davon wurden dreihundert Pfund Butter gemacht, welche die Fuhrherren täglich nach Paris, Berlin, Wien, Bremen, Leipzig und allen großen Städten fahren mussten. Sie hatten Pferde, die an einem Tag vom Clausthal-Zellerfeld nach Paris und wieder zurück fuhren. Für jedes Pfund Butter bekamen sie fünf Goldtaler, so rein war die Butter. Und die Pferde waren auf dem Rückweg so schwer mit Geld beladen wie auf dem Hinweg mit Butter. Die Butter war so begehrt, dass der Mann, dem die Kuh gehörte, nur jeden vierten Tag Brot essen musste. Er kaufte sich wöchentlich ein Schwein von viertausend Pfund. Davon erhielt er sieben Frühstücke, und trotzdem starb er schließlich vor Hunger.

Meins bleibt meins, wie es singt und lacht

Von einer Gastwirtin, die nicht treu handelte

Die Lerbacher Gastwirtin des Gasthauses »Ehrlicher Krug« betrog ihre Gäste und Kunden mit falschen Maßen und Gewichten. Sie tat Wasser in die Milch, ins Bier und in den Branntwein. Eines Tages ging sie in ihren Keller, um einem Reisenden ein Glas Bier zu holen. Als sie beim Bierfass das halbe Glas Wasser mit Gerstensaft füllte, kam mit einem Male die Decke hinunter, und die Alte war tot. Die Angehörigen mussten drei Tage graben, ehe sie die Frau gefunden hatten. Da aber kein Verwandter von ihrer Betrügerei wusste, wurde sie gehörig beerdigt.

Von jener Zeit an spukte die Gastwirtin in ganz Lerbach. Wenn die Leute abends noch in den Stall wollten, saß sie bei der Kuh. Wollten sie in den Keller, saß sie vor dem Bierfass. Wenn sie morgens heizen wollten, saß sie vor dem Ofenloch. In diesen Fällen mussten die Leute ihr erst einen Schlag verpassen, um sie zu verscheuchen. Die Lerbacher wussten sich zuletzt nicht mehr zu helfen und erzählten es einem alten Manne. Der sagte nur, es sei keine große Sache. Man solle einen Pastor, Pater oder Kapuzinermönch kommen lassen, der das Spukeding ins Mühlental verweisen könne. Man tat wie geheißen und beschwor das Gespenst. Der Pater sprach:

»Du bist ins Mühlental verwiesen, im Namen des Vaters, des Sohns und des heiligen Geistes.«

Aber das alte Spukeding erwiderte:

»Ach nee, ich kann aus meinem Krug nich' ausgehen. Meins bleibt meins.«

Der Pater ließ nicht nach und verwies sie in das Mühlental. Aber das Gespenst wurde immer wieder im Gasthaus und im Mühlental gesehen. Eines Abends kam sie zwischen elf und zwölf wieder einmal an und bettelte, dass sie doch nur eine kleine Stelle unter der Treppe haben möchte, aber der Wirt sagte zur Verwiesenen:

»Du gehörst ins Mühlental, und da gehst du jetzt auch hin, oder ich mach' dir Beine.«

Da schrie sie noch einmal:

»Ich soll aus meinem Krug gehen? Meins bleibt meins.«

Plötzlich entstand ein unheimliches Sausen und Brausen im Gasthaus, mit einem Heulen, dass den Leuten angst und bange wurde. Doch von diesem Tag war das alte Gespenst aus Lerbach fort und spukte nun bloß noch im Mühlental. Dort allerdings hat kein Mensch mehr hinzugehen gewagt. Als der Wirt wieder Feuerholz von seinem Bestand im Mühlental brauchte, schickte er eine Gruppe Frauen, die Holz tragen und gegenseitig auf sich aufpassen sollten. So gingen sie hin, schnallten das Holz auf und trugen es zurück. Als das hübscheste Mädchen seinen Bund aufgeschnallt hatte, kam das alte Gespenst und setzte sich oben auf das Holz. Das Mädchen konnte nicht aufstehen, warf den Bund Holz ab und lief schreiend nach Lerbach zurück. So erging es vielen Mädchen beim Holzholen im Mühlental.

Der Wegarbeiter Bertram erzählte, dass er als Knabe im Mühlental ein Mädchen, das Holz getragen habe, wie tot daliegend gefunden hatte. Er bemerkte sogleich die Ursache, da die verwiesene Wirtin neben dem Mädchen auf dem Holzbündel saß. Er fing an zu beten und da dies ohne Erfolg war, begann er zu wettern und zu fluchen wie damals der neue Gastwirt des Krugs. Das wirkte. Die Spuketante verzog sich widerwillig. Das Mädchen lag noch fünf Wochen krank, doch wurde dann wieder gesund.

In Ströbeck ist die Welt schwarz-weiß

Wie das Schachspiel nach Ströbeck kam

Im Jahre 1011 ließ Bischof Arnulf den Kriegsgefangenen Graf Gunzelin, einen Adligen aus Osteuropa, zur Bewachung in den Ströbecker Turm überstellen. Der Graf war ein Gefangener Kaiser Heinrichs II. und sollte unbedingt unerkannt versteckt werden, bis neue Befehle aus dem Palast eingingen. Die Ströbecker waren stets freundlich zu ihrem Gefangenen, und weil Einwohner, Wachen und der unfreiwillige Gast große Langeweile hatten, schnitzte Graf Gunzelin mit kunstfertiger Hand einen Satz Schachfiguren, fertigte ein Spielbrett, und er lehrte jeden Interessierten das Schachspiel. Viele Menschen lernten mit Vergnügen das neue und interessante Spiel. Als der Graf schließlich wieder freigelassen wurde, schenkte er den Ströbeckern die von ihm hergestellten Figuren sowie das Schachbrett und begründete eine Tradition, die bis heute begeisternd anhält.

Harz

Ricarda Huch

Wo Mittagsrauchwerk glimmt süß,
Am rosenroten Hange
Im Walde von Fingerhut
Spielt die glitzernde Schlange,
Da ist das Paradies.
Erdbeer tupft rot wie Blut.
Im gift'en Kraut starrt fabelhafte Spur
Von Einhorn oder Elchen
Und altem Ur;
Der Honig singt in den Kelchen.
Um klagend Geläut
Die Luft verglast.
Wie lang ist heut!
Die Sommersonne rastet Mittagsrast.

Sagen und Legenden vom Kyffhäuser

Außer Rotbart, außer Spesen, ist noch weitaus mehr gewesen

Kyffhäuser Wein, schenk' noch mal ein

Die Sage der weißen Frau am Kyffhäuser

Bei einer Dorfhochzeit in der Nähe des Kyffhäusers ging der Wein aus. Da sagte der Brautvater zur jungen Magd, sie solle noch Wein holen. Das Mädchen fragte, woher sie ihn holen solle, und der Brautvater erwiderte barsch:

»Du dummes Ding, vom Kyffhäuser! Woher denn sonst?«

Das Mädchen drehte sich auf dem Absatz um und ging den Berg hinauf. Als sie oben ankam, saß eine ganz in weiß gekleidete Frau mitten auf dem Berg und fragte nach der Magd Begehr. Die sprach wie geheißen und die Frau bedeutete ihr, sie solle nur mitkommen. Beide gingen in den Berg und gelangten in einen großen Raum. Dort standen zahllose Pferde, in deren Krippen kein Heu war, sondern große, grüne Büsche standen. Weiter hinten saß ein alter Mann, der eine Kaiserkrone trug.

Sein langer, weißer Bart war um den Tisch gewachsen. An den Wänden stand Wein in großen Fässern. Die weiße Frau füllte der Magd den Krug, führte sie wieder hinaus, sagte aber draußen, das Mädchen dürfe nicht wiederkommen. Als das Mädchen wieder ins Dorf zurückkam, war es der herrlichste Wein gewesen, den man jemals gekostet hatte – und obwohl es nur ein einziger Krug war, hat der Wein für die ganze Hochzeitsgesellschaft gereicht.

Zurück in die Zukunft
Das gealterte Brautpaar

In Tilleda wohnte ein armer, aber frommer Tagelöhner. Seine Tochter war Braut von einem ebenso armen, aber redlichen Handwerker. Morgen sollte die Hochzeit sein. Die Gäste waren eingeladen, aber kein Mensch hatte daran gedacht, dass im ganzen Hause nur ein Topf, eine Schüssel und zwei Teller waren. Keiner wusste, was zu tun war. Endlich sagte der Vater im Scherz:

»Geht auf den Kyffhäuser, vielleicht leiht euch die Prinzessin alles Notwendige.«

Das Brautpaar ging tatsächlich und fand die Prinzessin an einer Öffnung des Berges stehen. Die beiden näherten sich ihr mit Knicksen und Verbeugungen und brachten schüchtern ihr Anliegen vor. Die kaiserliche Hoheit lächelte und hieß sie, ihr zu folgen, worüber das Brautpaar außer sich vor Freude war. Die Prinzessin gab ihnen erst einmal etwas Gutes zu essen, und dann packte sie ihnen mit ihren höchsteigenen Händen einen großen Korb voller Teller und Besteck, Töpfe und Schüsseln, Kerzen und Halter und feinstes Tischtuch. Das Paar bedankte sich und versprach, morgen alles unversehrt zurück- und auch etwas Wein und Hochzeitskuchen mitzubringen.

Beide eilten mit dem schweren Korb nach Tilleda zurück. Aber wie wurde ihnen, als sie ein ganz neues Tilleda vor sich sahen! An der Stelle, wo ihres Vaters Hütte gestanden hatte, fanden sie einen großen Ackerhof. Kein Nachbarhaus war ihnen mehr bekannt, kein Baum, kein Strauch, kein Garten. Nichts war mehr dort, wo sie es sonst immer gesehen hatten. Außerdem versammelten sich lauter fremde Menschen um sie herum und starrten sie mit einer absonderlichen Verwunderung und Neugierde an. Die beiden setzten ihren Korb auf die Erde und überdachten ihr Schicksal.

Schließlich kam ein Prediger des Wegs. Die Braut ging auf ihn zu und klagte ihre Not, erzählte ihm, dass beide gestern auf den Kyffhäuser gegangen seien, und erklärte ihm ihr sonderbares Abenteuer. Der Herr Pastor nahm darauf das Brautpaar mit in sein Haus, schlug das Kirchenbuch auf und fand die ebenso sonderbare Wahrheit. Die beiden waren über zweihundert Jahre im Kyffhäuser gewesen.

Ein Ständchen für den Kaiser
Der Schafhirte auf dem Kyffhäuser

Gleich über Frankenhausen in Thüringen liegt ein Berg, in dem der alte Kaiser Friedrich seine Wohnung haben soll und schon viele Male gesehen worden war. Ein Schafhirt hütete auf dem Berg. Er kannte die Sage und begann, auf seiner Flöte zu spielen. Nach einer Weile rief er:

»Kaiser Friedrich, das sei dir geschenkt!«

Der Kaiser offenbarte sich dem Schäfer und fragte, wem zu Ehren er denn gespielt habe. Der Hirte antwortete, er habe sein Spiel Kaiser Barbarossa gewidmet. Kaiser Friedrich nahm ihn an der Hand und führte ihn in den Berg hinein. Sie kamen zu einer eisernen Tür. Die öffnete sich und dahinter lag ein schöner, großer Saal. Der Kaiser fragte den Hirten freundlich, was er als Lohn begehre, doch der Hirte antwortete, er wolle nichts dafür. Der Kaiser sprach, er solle sich trotzdem gerne einen Teller nehmen. Der Hirt tat wie geheißen und ging wieder hinaus. Am nächsten Tag brachte er den Teller zu einem Goldschmied. Der sah, dass es echtes Gold war und zahlte dem Hirten ein Vermögen dafür.

Nochmals zurück in die Zukunft
Der Ziegenhirte auf dem Kyffhäuser

Peter Klaus, ein Ziegenhirte aus Sittendorf, folgte einer Ziege nach, die von der Herde weggelaufen war. Nach einer gefühlten Ewigkeit endlich fand er sie. Die Ziege hatte sich in einer kleinen Höhle verkrochen und kaute genüsslich frischen Hafer, der durch ein Loch im Felsen herunter fiel. Klaus lauschte und hörte über sich ganz deutlich das Stampfen von Pferden. Wie sollten diese in den Fels hineingekommen sein? Er sah sich weiter um und gelangte zu Rittern, die Kegel spielten. Er durfte aus einer Kanne, die niemals leer wurde, Wein trinken. Mit einem Mal jedoch überkam ihn der Schlaf. Als er wieder aufwachte, lag er draußen in hohem Gras unter Bäumen, die er vorher nicht gesehen hatte. Klaus pfiff nach seinem Hund. Es kam aber kein Hund. Klaus sah sich nach den Ziegen um, doch es waren keine Ziegen mehr da.

Klaus ging ins Dorf zurück. Das Hirtenhaus war fast verfallen. Er fragte einige Leute, was dies zu bedeuten habe. Man sah ihn neugierig von der Seite an, doch keiner gab ihm Antwort. Wo Kurt Steffen wohne, fragte Klaus eine alte Frau. Die lachte ihn aus, der sei schon vor zwölf Jahren nach Oldisleben unter der Sachsenburg gezogen. Hirte Klaus wurde bange, und er fragte nach Velten Steter. Wieder lachte man ihn aus, denn der liege schon fünfzehn Jahre auf dem Friedhof. Klaus wurde schwindelig. Schließlich erblickte er eine junge Frau. Auf einem Arm trug sie ein Kind und an der anderen Hand hielt sie ein kleines Mädchen. Alle drei Gesichter glichen seiner Frau. Wie konnte das sein? Ihm wurde noch schwindeliger. Er fragte die junge Frau, wie sie und ihr Vater hießen.

»Marie heiße ich, mein Vater hieß Klaus. Er ist vor zwanzig Jahren auf den Kyffhäuser gegangen. Hund und Herde kamen ohne ihn ins Dorf zurück, aber er selbst kam nicht wieder. Wir konnten ihn nicht finden, obwohl wir Tag und Nacht nach ihm gesucht hatten.«

Ein Ring, sie alle zu warnen

Der Schweinehirte auf dem Kyffhäuser

Einem anderen Hirten, der Schweine am Kyffhäuser hütete, verlief sich auch ein Stück seiner Herde. Erst nach drei Tagen fand er es wieder. Vorher war sie mager gewesen, doch mit der Zeit war sie zu einer Fetzensau geworden – fett und feist und prächtig. Der Graf von Schwarzburg wollte wissen, ob etwas Wahres an der Geschichte des Schweinehirten sei. Er hieß einen Gefangenen in den Berg zu gehen.

Der Mann kroch nun in das enge Loch hinein und nahm denselben Weg, den das kleine Ferkel genommen hatte. Der Gefangene traf den Kaiser. Der soll ihn sehr ernst angeblickt, ihm einen goldenen Ring gegeben und gesagt haben, er solle diesen Ring dem

Grafen bringen. Der Graf dürfe niemals wieder jemanden in den Berg schicken, weil dort kein Sterblicher etwas zu suchen habe. Der Gefangene brachte den Ring zum Grafen und durfte als freier Mann gehen.

Des Kaisers Ausgeberin gibt reichlich
Die Sage der Flachsknoten

Eine Gruppe Frauen kam einmal hinauf zum Kyffhäuser. Mit einem Mal erblickte sie die Ausgeberin des Kaisers. Diese hatte einen großen Berg Flachsknoten ausgebreitet und ermunterte die Frauen, sich davon zu nehmen. Da steckten sie alle etwas davon ein, und als sie wieder nach Hause kamen, wurden die Knoten zu purem Gold.

Köpfchen bewahren
Die Sage der Kyffhäuser Pferdeköpfe

Es zogen einmal Musikanten von einer Hochzeit über den Kyffhäuser nach Hause. Ein Übermütiger unter ihnen schlug vor, man wolle auch dem alten Kaiser Friedrich eins aufspielen. Die andern waren zwar erst nicht begeistert, denn es war ein langer Tag gewesen, doch ihr Kollege redete ihnen doch so ermunternd zu, dass sie schließlich allesamt anstimmten und Kaiser Barbarossa ein Ständchen spielten. Als sie geendet hatten, schwebte eine Mamsell aus dem Erfurter Tor, brachte ihnen schönen Dank vom alten Kaiser und reichte jedem der Musikanten zum Andenken einen Pferdekopf. Den Spielmännern fehlten vor Staunen die Worte – und die Mamsell war schon wieder verschwunden. Nun schalten sie auf den Kollegen, dass man sich eines derart schnöden Lohnes halber aufgehalten hatte, und alle warfen ihre Pferdeköpfe fort. Der Übermütige aber war lustig wie immer, behielt seinen und lachte, es werde sicherlich noch für einen Schabernack mit der Frau reichen. Und so legte er zuhause seiner Frau den Pferdekopf heimlich unters Kopfkissen. Als sie am nächsten Morgen aufwachte, lachte er zu ihr herüber:

»Ich hab' dir etwas Schönes mitgebracht, das hat mir der alte Rotbart vermacht!«

Die verwunderte Frau hob das Kopfkissen auf. Gerade als ihr Schalk von einem Mann dachte, sie würde so richtig erschrecken, lag ein großer Goldklumpen darunter. Er war so schwer, dass sie ihn kaum zu zweit heben konnten.

Auch Getreide hat goldenen Boden

Die Sage vom greisen Männchen am Kyffhäuser

Ein Bauer fuhr auf dem Weg nach Nordhausen mit Getreide beladen am Kyffhäuser vorbei. Plötzlich trat ein greises Männchen an ihn heran und fragte, wo er denn hinwolle. Als er sagte, dass er zum Nordhausener Markt fahren wolle, fragte das Männchen, ob er mit ihm käme, er solle einen guten Lohn dafür erhalten. Das ließ sich der Bauer gerne gefallen. Das Männchen ging voran und der Bauer folgte ihm mit seinem Wagen. Man kam durch ein großes Tor in den Berg hinein, immer weiter und weiter, bis sie endlich vor einem großen Schloss standen. Das greise Männchen ließ dem Bauer Wagen und Pferde abnehmen und führte ihn in einen großen, herrlich erleuchteten Saal. Es waren viele Leute dort und diese Gesellschaft gefiel dem Bauer. Nach einigen Stunden sagte das greise Männchen, es wäre nun Zeit, dass er nach Hause ginge. Es bezahlte ihn wie versprochen reichlich und führte ihn wieder hinaus, wo er auch Wagen und Pferde wieder erhielt. Aber als er zu Hause ankam, machte seine Frau große Augen und fiel ihm um den Hals. Sie hatte ihn längst für tot gehalten, denn er war ein ganzes Jahr lang fort gewesen.

Schmied Boldermann: zu schlimm für die Hölle

Des Kaisers Eisenhauer

Beim Kaiser Friedrich im Kyffhäuser soll auch dessen ehemaliger Hufschmied Boldermann sein. Der Schmied habe im Himmel keine Gnade finden können, da er zeitlebens viele unnütze Streiche gespielt hatte. Nicht einmal der Teufel hatte ihn haben wollen. Also sitze Boldermann seitdem im Kyffhäuser. Einmal habe der Teufel Boten geschickt, um den Schmied doch zu holen. Als sie kamen, hielt Boldermann einen Sack vor das Schlüsselloch, nahm sie darin gefangen, band den Sack zu, warf diesen auf den Amboss und schmiedete sie alle zusammen. Danach habe er sie in ein Fass geworfen und auch den Deckel zugeschmiedet. Das Fass war innen mit großen Nägeln ausgeschlagen und Boldermann rollte es vom Kyffhäuser hinab ins Tal.

Sie kann mehr, als nur Kissen auszuschütteln

Frau Holle im Kyffhäuser

Nicht nur der Hufschmied leistet Kaiser Friedrich im Berg Gesellschaft, auch Frau Holle sitzt beim Rotbart und füttert dessen Pferde. Einmal sei sein bestes Pferd mit ihr durchgegangen und habe sie in der Gegend von Halle abgeworfen. Frau Holle zog außerdem gelegentlich mit zur wilden Jagd. Einmal hatte sie einen Eber angeschossen, und als der wütend auf sie losging, verwandelte sie sich schnell in eine Eiche. Als der Eber sich neben den Baum setzte, um wenigstens ein paar Eicheln als Trostpreis zu kauen, schoss Frau Holle ihn tot.

Ich trink' den Wein nicht gern allein

Die Legende von Tischlergeselle Thiele

Tischlergeselle Thiele aus Nordhausen ging auf die Walz. Als er zum Kyffhäuser kam, war der gerade offen. Das geschah nur alle sieben Jahre, und so dachte Thiele bei sich, er wolle einmal hineingehen. Als er im Berg war, sah er dort jemanden sitzen, dem der Bart über den Tisch gewachsen war. Rings herum an den Wänden lagen große Weinfässer, deren Bänder verrostet waren. Auch das Holz war schon gefault. Der Wein jedoch hatte sich in einer Schale gesammelt und war von tief blutroter Farbe. Vor dem Mann stand ein Weinglas, in dem stand noch ein kleiner Rest. Thiele tat einen Zug aus dem Glas und wurde so schläfrig, dass er gleich einnickte. Als er wieder erwachte, hatte er sieben Jahre im Berg geschlafen.

Süß klingender Flachs

Die goldenen Flachsknoten

Vor vielen Jahren gingen mehrere Knaben aus Kelbra auf den Kyffhäuser, um Nüsse zu sammeln. In der alten Burg kamen sie an eine Wendeltreppe, stiegen hinauf und fanden ein kleines Gemach mit schönen achteckigen, roten und blauen Fenstern. In der einen Ecke lag eine Spindel mit Flachs, in der anderen ein Haufen Flachsknoten. Jeder der Jungen nahm einen Hutvoll Knoten mit, sie liefen ausgelassen wieder hinunter und streuten auf dem Weg die Flachsknoten aus. Als die Knaben zurück nach Kelbra kamen, war es gerade Zeit zum Abendbrot. Der ärmste unter den Jungen fand seine Eltern gerade beim Tischgebet. Er nahm seinen Hut ab und wollte sich gerade an den Tisch setzen, als etwas Glänzendes klingend auf den Boden fiel, dann noch eins und noch eins und noch sieben andere. Die Mutter kam hinzu und sie erblickte die zu Gold gewordenen Flachsknoten, mit denen ein einst verzaubertes Hoffräulein den armen Leuten ein Geschenk gemacht hatte, sodass man den Knaben nun ein Handwerk lernen lassen konnte. Die Nachbarinnen liefen herbei, jeder wollte die wunderbaren Flachsknoten sehen. Am folgenden Tag pilgerte ganz Kelbra auf den Kyffhäuser und alle suchten und schauten und spähten und stöberten. Niemand jedoch sah die gestern ausgestreuten Flachsknoten, keiner fand das Zimmer mit den roten und blauen Fensterscheiben, mit den aufgehäuften goldenen Flachsknoten.

Der Schäfer, der sich ein Königreich an den Hut steckte

Die Wunderblume

Ein anderer Schäfer aus Sittendorf trieb einst seine Herde zum Fuß des Kyffhäusers. Er war ein netter Mensch, mit einem guten, aber armen Mädchen verlobt. Doch beide hatten weder Hüttchen noch Geld, um einen Hausstand zu gründen. Traurig stieg er den Berg hinauf, aber je höher er kam, desto mehr verlor sich die Traurigkeit, denn es war ein schöner Tag. Bald hatte er die Höhe des Berges erreicht und dort sah er eine wunderschöne Blume, wie er sie noch nie gesehen hatte. Er pflückte die Blume und steckte sie an seinen Hut, um sie seiner Braut als Geschenk mitzunehmen. Oben auf der Burg fand er ein offenes Gewölbe, dessen Eingang nur zum Teil verschüttet war. Er ging hinein und fand viele kleine, glänzende Steine auf der Erde liegen. Er steckte so viele ein, wie seine kleinen Taschen fassen konnten. Nun wollte er wieder ins Freie, da rief ihm eine dumpfe Stimme zu, er solle das Beste nicht vergessen. Der Schäfer wusste nichts damit anzufangen und stolperte durch den dunklen Keller. Als er endlich wieder aus dem Gewölbe herausfand, die Sonne und Herde erblickte, schlug eine Tür hinter ihm zu. Er fasste an seinen Hut, doch die wunderschöne Blume, die er seiner Braut hatte geben wollen, war fort. Sie war herabgefallen, während er das Freie gesucht hatte. Urplötzlich stand ein Zwerg vor ihm.

»Wo hast du die Wunderblume, die du fandest?«

»Verloren«, sagte der Schäfer traurig. Der Zwerg ließ ebenfalls seinen Kopf hängen.

»Das ist schade, denn für dich war sie bestimmt, und sie ist mehr wert, als die ganze Rotenburg.«

Seines Unglücks wegen wieder traurig, ging der Schäfer am Abend zu seiner Braut und erzählte ihr die Geschichte von der verlorenen Wunderblume. Sie war ihm nicht böse, denn sie wusste um sein gutes Herz, doch beide weinten bitterlich, denn Hüttchen und Hochzeit waren wieder in weite Ferne gerückt. Endlich dachte der Schäfer wieder an die Steine in seiner Tasche und warf sie scherzend seiner Braut auf den Schoß. Es waren lauter Goldstücke geworden. Sie kauften sich ein Hüttchen, ein Stück Acker dazu, und in einem Monat waren sie Mann und Frau. Die Wunderblume? Sie blieb verschwunden und wird noch bis auf den heutigen Tag gesucht. Nicht allein in den Gewölben des mächtigen Kyffhäusers, sondern überall, wo verborgene Schätze sein könnten, in Bad Frankenhausen oder Sondershausen, in Sangerhausen oder Nordhausen, in Herzberg, Osterode, in Goslar oder Halberstadt. Der glückliche Mensch, für den die Wunderblume bestimmt ist, kann ein jeder sein.

Der alte Barbarossa

Friedrich Rückert

Der alte Barbarossa,
der Kaiser Friederich,
im unterird'schen Schlosse
hält er verzaubert sich.

Er ist niemals gestorben;
er lebt darin noch jetzt.
er hat im Schloß verborgen
zum Schlaf sich hingesetzt.

Er hat hinabgenommen
des Reiches Herrlichkeit
und wird einst wiederkommen
mit ihr zu seiner Zeit.

Der Stuhl ist elfenbeinern,
darauf der Kaiser sitzt;
der Tisch ist marmorsteinern
worauf sein Haupt er stützt.

Sein Bart ist nicht von Flachse;
er ist von Feuersglut,
ist durch den Tisch gewachsen,
worauf sein Kinn ausruht.

Er nickt als wie im Traume;
sein Aug' halb offen zwinkt,
und je nach langem Raume
er einen Knaben winkt.

Er spricht im Schlaf zum Knaben:
Geh hin vors Schloß, oh Zwerg,
und sieh, ob noch die Raben
herfliegen um den Berg!

Und wenn die alten Raben
noch fliegen immerdar,
so muss ich auch noch schlafen
verzaubert hundert Jahr.

Die Barbarossa-Sage

Einmal herum, schon ein zweites Mal drum, sei beim dritten Mal der Welten Zeit um.

Beim Barte des Kaisers und Propheten
Die Barbarossasage

Kaiser Friedrich I., genannt Barbarossa, soll während des Feldzugs im Heiligen Land ertrunken sein. Der Rotbart höchstpersönlich soll sich in die nach ihm benannte Barbarossa-Höhle des Kyffhäuser-Gebirges verflucht haben, mitsamt einer Schar Getreuer, seiner Tochter und einer Vielzahl Zwerge.

Vom Innern des Kyffhäusers aus, umgeben von seinen treuen Rittern und Knappen, verfolgt der Kaiser seit Jahrhunderten das Geschehen der Welt. In seiner Heimat strahlt es vor lauter Gold und Edelsteinen, denn obwohl es eine unterirdische Höhle ist, hat man es rund um die Uhr hell wie am sonnigsten Tag. Es fehlt nicht an saftigem Gras, grünen Bäumen und blühenden Sträuchern. Mitten hindurch fließt ein Bach; wenn man eine Handvoll Schlamm daraus nimmt, so wird dieser zu purem Gold.

Eines Tages soll Kaiser Barbarossa wieder erwachen, um das Land zu retten und zu neuer Herrlichkeit zu führen. Sein mächtiger roter Bart, den jedes Kind auf der ganzen Welt kennt, wächst während dieser Zeit immer weiter. Längst hat er den steinernen Tisch durchdrungen, auf dem Friedrich I. mit der Hand seinen Kopf stützt.

Vor Jahrhunderten war Kaiser Friedrich einmal erwacht. Er fragte einen gerade des Wegs daherkommenden Schäfer, ob die alten Raben noch um den Berg flögen. Als der Hirte dies bejahte, seufzte der Kaiser und wusste, er müsse noch hundert Jahre länger schlafen. An dem Tag aber, wenn die Raben nicht mehr um den Kyffhäuser kreisen, weil sie all tot vom Himmel gefallen sind, an diesem Tag wird Kaiser Barbarossa wieder aus dem Berg treten, seinen Schild an den dürren Walser Birnbaum hängen. Der tote Baum wird alsbald ergrünen und bessere Zeiten ankündigen.

Des Kaisers prächtiger Bart hat den steinernen Tisch bereits zweimal umschlungen. Noch ein weiteres Mal und Barbarossa wird die Menschen nach ihren Taten richten – und es wird Frieden, Wohlstand und Gerechtigkeit herrschen. Doch wehe, wehe, wenn die Menschen ihr Land verdorben haben, wenn sie es mit Gier besudelt, mit Selbstsucht verschandelt und mit Unrecht verpestet haben. Dann wird der Kaiser höchstpersönlich das Ende der Zeiten herbeiführen, die apokalyptischen Reiter werden aus den Schlünden emporsteigen, zerstören, was für alle Zeiten nicht mehr zu retten sein wird, und Kaiser Barbarossa wird das Urteil über die Welt verkünden.